미래와 통하는 책

동양북스 외국어 베스트 도서

700만 독자의 선택!

중국어뱅크

중국어, 똑똑하게 배우자!

스마트 중국어

김현철 · 김은희 지음
량페이 · 웨이홍 감수

동양북스

스마트 중국어 STEP 3

개정 1쇄 인쇄 | 2023년 4월 20일
개정 1쇄 발행 | 2023년 5월 5일

지은이 | 김현철, 김은희
발행인 | 김태웅
편집주간 | 박지호
편집 | 김상현, 김수연
디자인 | 남은혜
마케팅 | 나재승
제작 | 현대순

발행처 | (주)동양북스
등　록 | 제 2014-000055호
주　소 | 서울시 마포구 동교로22길 14 (04030)
구입 문의 | 전화 (02)337-1737　팩스 (02)334-6624
내용 문의 | 전화 (02)337-1762　dybooks2@gmail.com

ISBN 979-11-5768-857-9 14720
ISBN 979-11-5768-854-8 (세트)

▶ 도서출판 동양북스에서는 소중한 원고, 새로운 기획을 기다리고 있습니다.
http://www.dongyangbooks.com

머리말

소통 중국어! 표현 중국어!

소통과 표현 중심의 언어교육은 이미 여러 언어에서 실시되고 있으며, 중국어 교육현장에서도 운용되고 있습니다. 이 책은 중국어 표현력을 길러 중국인과 소통하며 중국을 이해할 수 있도록 통합적으로 고안하고 구성한 새로운 형태의 결과물입니다.

같은 표현을 상황별로 재구성하여 학습자들에게 다양한 표현을 익힐 수 있게 하였을 뿐만 아니라 표현 확장을 용이하게 하기 위하여 다양한 장치를 이용하였습니다. 주어진 상황 등의 코너를 중심으로 전체 내용이 유기적으로 구축되어 있어, 천천히 따라가기만 하면 내용을 쉽게 이해할 수 있게 만들어져 있습니다.

특히 중국어를 처음 시작하는 국내의 초급 학습자를 위하여 배경을 한국으로 설정하는 새로운 시도를 감행하였습니다. 즉 중국어 학습을 통해 한국 문화를 널리 알릴 수 있는 좋은 기회이자 한국의 문물과 생활문화를 소개할 수 있도록 구성하였습니다.

소통에는 노력이 필요합니다!
그리고 소통하기 위해서는 잘 표현해야 합니다!

외국어를 능숙하게 표현하고자 한다면 많은 시간과 연습이 필요합니다. 그리고 체계적이고 과학적으로 검증된 학습시스템이 필요합니다. 여기에 한 가지 더, 바로 좋은 교재와 그 교재를 잘 활용할 수 있는 선생님 역시 필요합니다. 우리는 이제 무턱대고 따라 하며 학습하던 시대를 뒤로 하고, 멋지고 유익하며 감탄! 할 수 있는 그런 교재로 공부해야 합니다.

수많은 중국어 책이 시중에 나와 있음에도 불구하고 흔쾌히 새로운 시도를 허락하시고 헌신적으로 출판을 도와주신 동양북스 식구들께도 이 자리를 빌려 감사의 말씀 드립니다. 좋은 분들과 아름다운 생각을 할 수 있어 즐거웠습니다. 그리고 그런 생각들을 이 책을 들고 계신 여러분들에게 전할 수 있어 행복합니다.

재치 있고, 민첩하게, 그리고 빈틈없으며 아는 것이 많은 것이 바로 스마트한 것입니다. 스마트한 중국어를 모아 놓은『중국어뱅크 스마트 중국어』로 여러분 모두 원활하게 소통하시기 바랍니다.

김현철, 김은희 드림

차례

학습 내용

01

학습목표 인기 과목 탐색과 수강 신청 방식 탐문, 필수 · 선택 과목에 관한 대화를 익힌다.
사역동사와 추측방식을 배운다.

기본표현 多什么啊！/ 选课真让人头疼。/ 看来你还没选好啊。/
可以了解韩国文化，顺便练习韩语。

어법 반어 표현 什么, 사역동사 让, 동사 看来, 동사+来+동사+去, 부사 顺便

문화 중국 대학의 수강 신청 과정

02

학습목표 은행에서 계좌를 개설하고, 돈을 환전하는 내용과 표현을 익힌다. 조동사와 '把자문'을 배운다.

기본표현 您得填一张开户申请书。/ 请您把身份证给我。/ 我还想申请一张银行卡。

어법 조동사 得, 应该, 把자문(1), 부사 还

문화 중국의 신용카드

03

학습목표 친구와 태극권, 드라마 보기 등의 취미에 관한 대화를 익힌다. 겸어문과 가능보어를 배운다.

기본표현 听说你会打太极拳。/ 我想请你教我太极拳。/ 中文台词全都听得懂吗?

어법 不仅……而且……, 겸어문, 가능보어, 要是……就好了, 동사 相信

문화 태극권

04

학습목표 친구 사이에 일을 도와주며, 묻고 답하는 내용과 표현을 익힌다. 연동문과 동사의 중첩형식을 배운다.

기본표현 需要我帮忙的话，尽管说。/ 你想搬到学校外面住吗? / 就在学校附近。/
朋友间这么客气干吗?

어법 부사 尽管, 연동문(2), 동사중첩(1), 부사 就, 干吗

문화 학교 기숙사 VS 학교 밖 아파트

05

학습목표 외부 거주 시의 생활 비용 및 집들이로 친구를 초대하는 일과 관련된 표현을 익힌다.
비교문과 단어 열거법을 배운다.

기본표현 每个月的费用是不是比住校内高多了? / 超市啊、理发店啊、干洗店什么的都在我家周围。

어법 另, 比 비교문(2), 조사 啊

문화 학교 밖 아파트 생활

06

학습목표 1~5과에서 배운 필수 단어와 회화 표현을 확인하고 복습한다.

07

학습목표 친구와 버스를 타고 시내에서 거리를 구경하는 내용과 관련된 표현을 익힌다.
방향보어에 대해 배운다.

기본표현 你明天有空吗? / 我正想找机会逛逛去。

어법 동사중첩(2), 방향보어(1)

문화 하얼빈 소피아 성당 & 중앙대가

08

학습목표 친구와 함께 서점에 가서 교과서와 전자도서에 관한 대화를 나눈다.
점층관계 및 동량사, 접속사 등에 대한 문법사항을 배운다.

기본표현 除了买教材, 还要买参考书什么的。/ 看一遍就扔多可惜！

어법 除了……还……, 遍, 于是, 起来

문화 중국의 인터넷 서점

09

학습목표 룸메이트의 성격과 버릇에 관한 대화를 익힌다. 얼굴 표정과 의문대사와 관련된 표현을 배운다.

기본표현 一脸愁眉苦脸的样子。/ 怎么回事? / 一点儿也不一样。/
假如你不告诉我的话，我根本看不出来。

어법 얼굴 표현 용법 一脸, 怎么回事, 완전 부정 一点儿也/都不，假如，……出来

문화 중국 사람들의 생활습관

10

학습목표 기말고사 시험 일정이나 시험준비, 숙제 등에 관해 묻고 답하는 표현을 익힌다.
강조문과 선택관계 및 '把자문'에 대한 문법을 배운다.

기본표현 都期末考试了，还赶什么报告? / 你该加油了！/ 我宁可写报告，也不要考试。/
把学过的东西再复习一遍。

어법 都……, 还……, 该……了, 宁可……也不/决不……, 把자문(2)

문화 중국의 입시시험제도

11

학습목표 친구의 고향집이나 선생님 댁을 방문하여 대화를 나누는 내용과 표현을 익힌다.
반문용법과 의문사의 비의문용법을 배운다.

기본표현 哪儿的话? / 你还买什么东西呀? / 原来中国和韩国不一样啊。

어법 반문을 나타내는 哪儿的话, 怎么, 原来, 不是……而是……

문화 '손님 됨'의 예절

12

학습목표 7~11과에서 배운 필수 단어와 회화 표현을 확인하고 복습한다.

이 책의 활용법

본문

주요 학습 내용

매 과에서 배우게 될 학습 목표와 기본 표현을 알 수 있습니다.

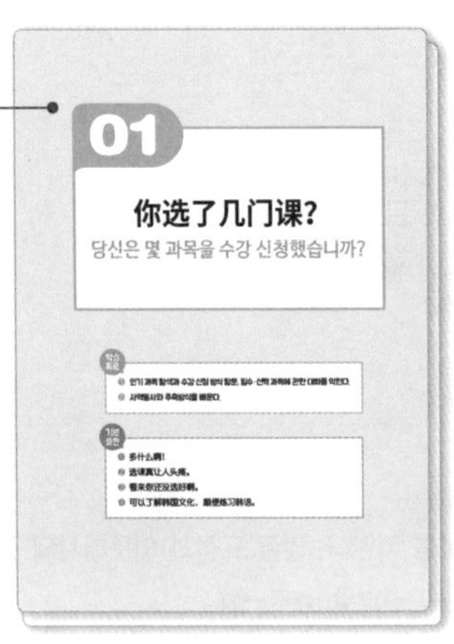

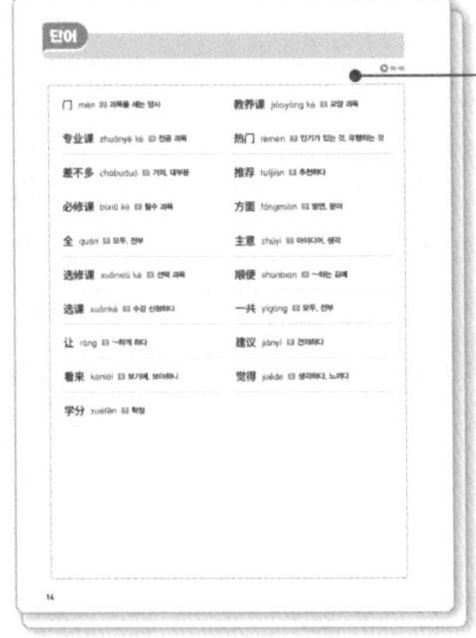

단어

회화에 나올 단어를 미리 학습할 수 있습니다.

회화 & 독해

회화는 각 과의 주제와 관련된 두 개의 상황으로 이루어져 있으며, 일부 내용은 보충 설명하였습니다. 독해에서는 회화에서 다룬 내용을 서술 형식으로 정리하여 읽기 능력을 향상시킬 수 있습니다.

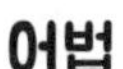

어법

본문 회화에 포함된 어법 사항을 간단하게 설명하고, 바로 실력을 다질 수 있는 확인 문제를 수록하였습니다.

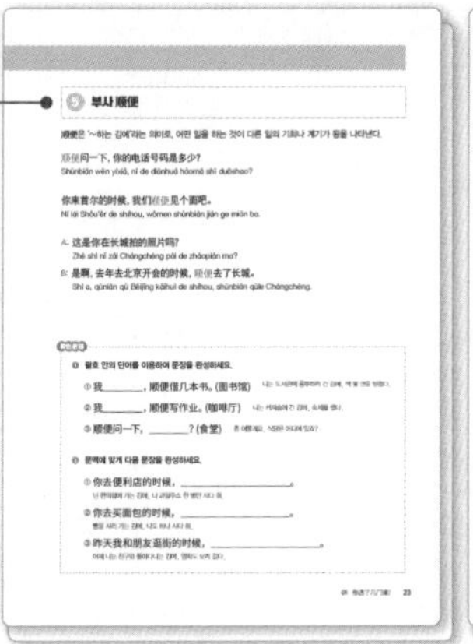

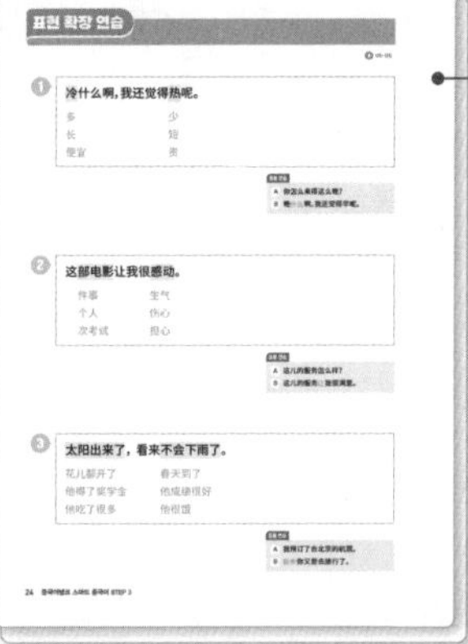

표현 확장 연습

본문에서 배운 기본 회화 표현을 이용해 다양한 표현을 확장 연습할 수 있도록 하였습니다.

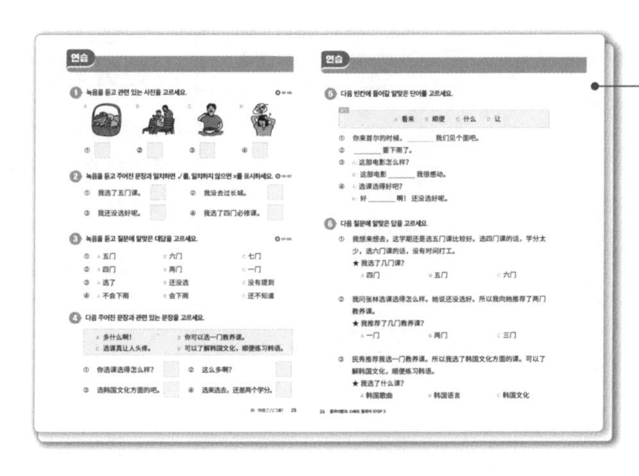

연습

新 HSK 문제와 동일한 유형으로 출제하여 듣기와 읽기 능력을 향상시킬 수 있습니다.(쓰기 · 말하기는 워크북에서 향상시킬 수 있도록 하였습니다.)

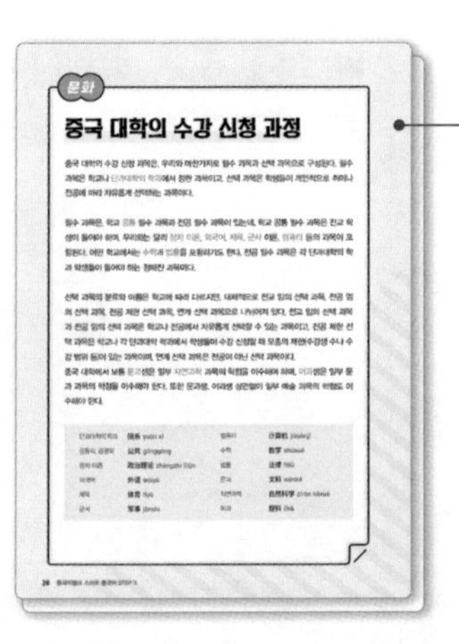

문화

각 과의 주제와 관련된 중국 문화 이야기가 생생한 사진 자료와 함께 수록되어 있습니다.

이 책의 활용법

복습과(6,12과)

필수 단어

각 복습과에서는 1~5과 / 7~11과에 나왔던 단어 중 주요 단어를 주제별로 수록하였습니다. 배운 단어를 그림과 함께 재미있게 외울 수 있습니다.

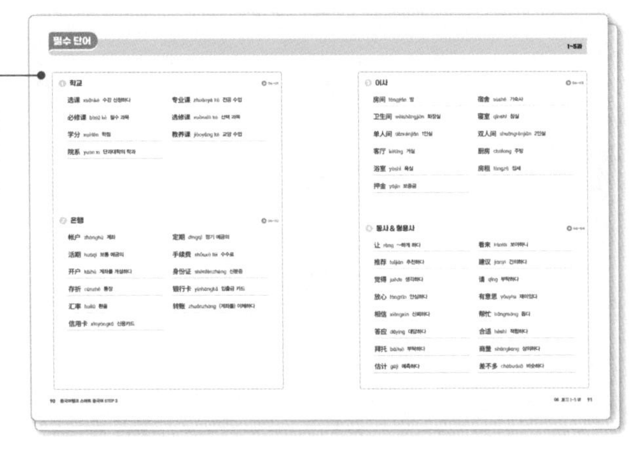

필수 회화

앞 과에서 배운 회화 중 상황별 주요 표현을 복습할 수 있도록 10개의 상황으로 나누어 정리하였습니다.

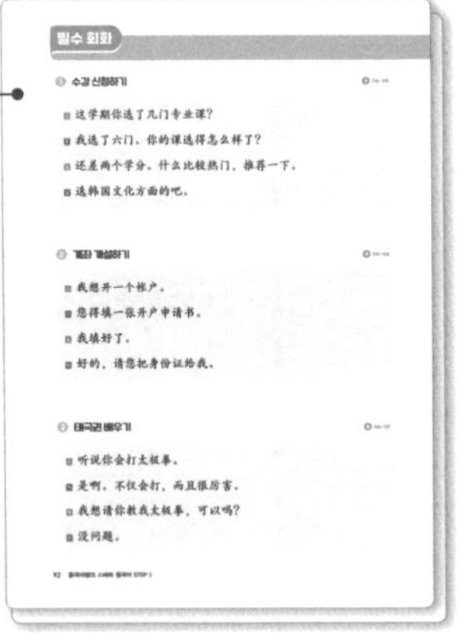

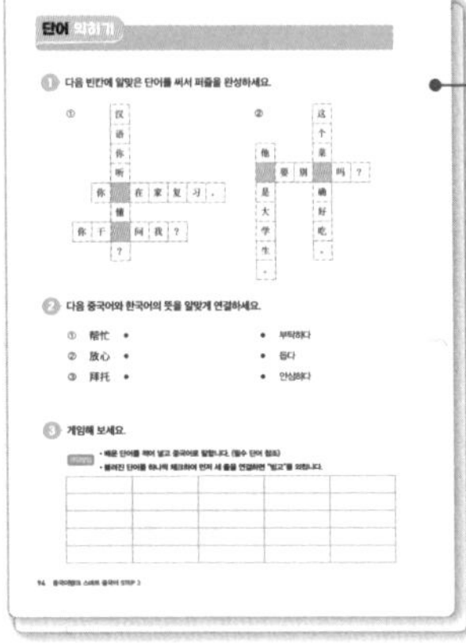

단어 익히기

재미있게 단어를 익히고 연습할 수 있도록 퍼즐, 줄긋기, 빙고 게임 등 흥미로운 문제들로 복습할 수 있도록 하였습니다.

회화 익히기

배운 회화 내용을 제시된 단어와 문장을 이용하여 연습할 수 있도록 하였습니다.

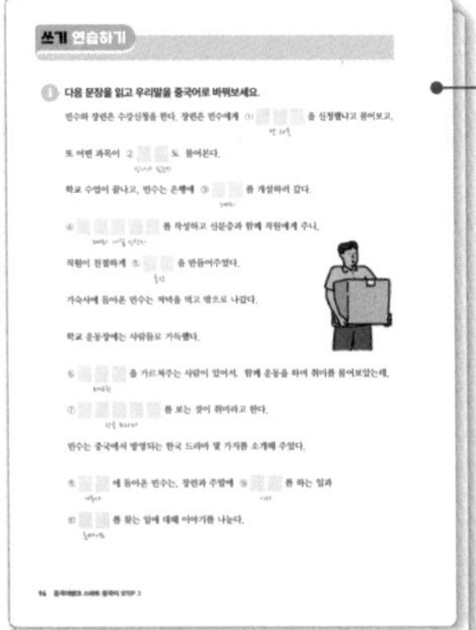

쓰기 연습하기

주어진 우리말 뜻에 해당하는 중국어 단어를 쓰면서, 배운 단어의 한자 쓰기 연습을 할 수 있도록 하였습니다.

본문 받아쓰기 & 스피킹 훈련

워크북을 통해 스피킹 연습을 할 수 있습니다.
Step1 : 듣고 따라 읽으며 회화 빈칸 채우기
Step2 : 역할 바꿔 말하기

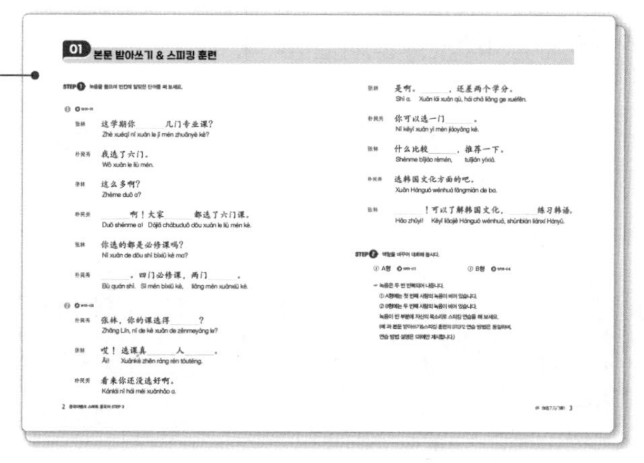

01 본문 받아쓰기 & 스피킹 훈련

STEP 1

张林 这学期你______几门专业课?
Zhè xuéqī nǐ xuǎn le jǐ mén zhuānyè kè?

朴民秀 我选了六门。
Wǒ xuǎn le liù mén.

张林 这么多啊?
Zhème duō a?

朴民秀 ______啊!大家______都选了六门课。
Duō shénme a! Dàjiā chàbuduō dōu xuǎn le liù mén kè.

张林 你选的都是必修课吗?
Nǐ xuǎn de dōu shì bìxiū kè ma?

朴民秀 ______。四门必修课,两门______。
Bù quán shì. Sì mén bìxiū kè, liǎng mén xuǎnxiū kè.

朴民秀 张林,你的课选得______?
Zhāng Lín, nǐ de kè xuǎn de zěnmeyàng le?

张林 哎!选课真______人______。
Āi! Xuǎnkè zhēn ràng rén tóuténg.

朴民秀 看来你还没选好啊。
Kànlái nǐ hái méi xuǎnhǎo a.

张林 是啊。______,还差两个学分。
Shì a. Xuǎn lái xuǎn qù, hái chà liǎng ge xuéfēn.

朴民秀 你可以选一门______。
Nǐ kěyǐ xuǎn yì mén jiàoyǎng kè.

张林 什么比较______,推荐一下。
Shénme bǐjiào rèmén, tuījiàn yíxià.

朴民秀 选韩国文化方面的吧。
Xuǎn Hánguó wénhuà fāngmiàn de ba.

张林 ______!可以了解韩国文化,______练习韩语。
Hǎo zhǔyi! Kěyǐ liǎojiě Hánguó wénhuà, shùnbiàn liànxí Hànyǔ.

STEP 2

① A형 ② B형

2 3

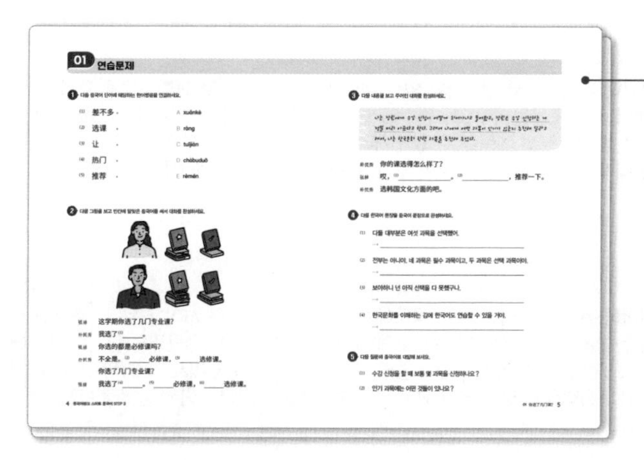

01 연습문제

1
(1) 差不多 · A xuǎnkè
(2) 选课 · B ràng
(3) 让 · C tuījiàn
(4) 热门 · D chàbuduō
(5) 推荐 · E rèmén

2
张林 这学期你选了几门专业课?
朴民秀 我选了(1)______。
张林 你选的都是必修课吗?
朴民秀 不全是。(2)______必修课,(3)______选修课。
你选了几门专业课?
张林 我选了(4)______,(5)______必修课,(6)______选修课。

3
朴民秀 你的课选得怎么样了?
张林 哎,(1)______,(2)______,推荐一下。
朴民秀 选韩国文化方面的吧。

4
(1) 다들 대부분은 여섯 과목을 선택했어.
→
(2) 전부는 아니야. 네 과목은 필수 과목이고, 두 과목은 선택 과목이야.
→
(3) 보아하니 넌 아직 선택을 다 못했구나.
→
(4) 한국문화를 이해하는 김에 한국어도 연습할 수 있을 거야.
→

5
(1) 수강 신청을 할 때 보통 몇 과목을 신청하나요?
(2) 인기 과목에는 어떤 것들이 있나요?

4 5

연습문제

본책에 듣기와 읽기 중심의 연습문제가 제공되었다면, 워크북에서는 말하기와 쓰기 중심의 문제를 수록하였습니다. 본 책과 워크북을 통해 듣기 · 말하기 · 읽기 · 쓰기 능력을 골고루 갖출 수 있습니다.

일러두기

- 이 책의 회화 내용은 배경이 한국이라는 상황하에 집필되었습니다.
- MP3 음원에는 중국어 발음, 단어, 듣기, 회화, 표현 확장 연습, 연습문제의 듣기 문제가 녹음되어 있으며, 본문에 트랙 표시를 해 두었습니다.
- 단어의 품사약어는 다음과 같습니다.

명사	명	형용사	형	인칭대사	대
동사	동	조동사	조동	의문대사	
부사	부	접속사	접	지시대사	
수사	수	감탄사	감	어기조사	조
양사	양	접두사	접두	시태조사	
개사	개	접미사	접미	구조조사	
고유명사	고유	수량사	수량		

등장인물 소개

장린(张林)

중국 대학교에 다니며 기숙사에서 생활하고 있는 여학생이다. 중국으로 교환학생을 오게 된 민수가 이사할 때 여러 가지 도움을 주었고, 민수에게 태극권도 가르쳐 주고 자신의 고향 집에 민수를 초대하여 중국 생활을 직접 체험할 수 있게 해주는 등 중국 문화를 적극적으로 알리는 중국 문화 전도사이다. 내게도 이런 중국인 친구가 있다면 중국 생활이 무척 즐거울 것이다!

박민수(朴民秀)

중국 대학에 교환학생으로 온 한국인으로, 중국에서 장린과 친한 친구 사이가 된다. 중국어 실력 향상을 위해 장린에게 중국인 룸메이트를 구해달라는 부탁도 하고, 태극권을 잘하는 장린에게 가르침을 청하기도 할 만큼 중국어 학습과 중국 문화를 배우는 데 있어서 아주 적극적이고 열정적이다. 중국으로 교환학생을 오며 겪게 되는 그의 중국 생활 체험기, 함께 경험해 보자!

이 선생님(李老师)

귀국을 앞둔 민수를 위해 장린은 민수와 함께 자신의 고향 집과 이 선생님 댁을 방문한다. 선생님 댁을 방문하는 것이 처음인 민수는 한국과 중국의 문화적 차이를 실감하게 된다.

01

你选了几门课?

당신은 몇 과목을 수강 신청했습니까?

학습 목표

❶ 인기 과목 탐색과 수강 신청 방식 탐문, 필수·선택 과목에 관한 대화를 익힌다.

❷ 사역동사와 추측방식을 배운다.

기본 표현

❶ 多什么啊!

❷ 选课真让人头疼。

❸ 看来你还没选好啊。

❹ 可以了解韩国文化，顺便练习韩语。

단어

01-01

门 mén 양 과목을 세는 양사

专业课 zhuānyè kè 명 전공 과목

差不多 chàbuduō 부 거의, 대부분

必修课 bìxiū kè 명 필수 과목

全 quán 부 모두, 전부

选修课 xuǎnxiū kè 명 선택 과목

选课 xuǎnkè 동 수강 신청하다

让 ràng 동 ~하게 하다

看来 kànlái 동 보기에, 보아하니

学分 xuéfēn 명 학점

教养课 jiàoyǎng kè 명 교양 과목

热门 rèmén 명 인기가 있는 것, 유행하는 것

推荐 tuījiàn 동 추천하다

方面 fāngmiàn 명 방면, 분야

主意 zhǔyi 명 아이디어, 생각

顺便 shùnbiàn 부 ~하는 김에

一共 yígòng 부 모두, 전부

建议 jiànyì 동 건의하다

觉得 juéde 동 생각하다, 느끼다

1 수강 신청하기

01-02

张林　这学期你选了几门专业课?
Zhè xuéqī nǐ xuǎnle jǐ mén zhuānyè kè?

朴民秀　我选了六门。
Wǒ xuǎnle liù mén.

张林　这么多啊?
Zhème duō a?

朴民秀　多什么啊！大家差不多[1]都选了六门课。
Duō shénme a!　Dàjiā chàbuduō dōu xuǎnle liù mén kè.

张林　你选的都是必修课吗?
Nǐ xuǎn de dōu shì bìxiū kè ma?

朴民秀　不全是[2]。四门必修课，两门选修课。
Bù quán shì.　Sì mén bìxiū kè, liǎng mén xuǎnxiū kè.

[1] 差不多는 '거의'라는 뜻을 지닌 부사로 쓰여, 수량이나 정도를 포함하는 동사나 형용사 앞에서 상황어가 된다.

[2] 不全是는 일부 부정으로, 전체를 부정하는 것이 아닌, 전체의 일부를 부정한다. 不全是必修课는 '모두 필수 과목인 것은 아니다'라는 뜻이다. 반대로 全不是는 전체를 부정하는 것으로, 全不是必修课는 '모두 필수 과목이 아니다'라는 뜻이다.

问一下

民秀选的都是专业课吗?

2 인기 과목 탐색

01-03

朴民秀 张林，你的课选得怎么样了[3]？
Zhāng Lín, nǐ de kè xuǎn de zěnmeyàng le?

> [3] 怎么样了는 진도나 결과에 대해 물을 때 쓴다.

张林 哎！选课真让人头疼。
Āi! Xuǎnkè zhēn ràng rén tóuténg.

朴民秀 看来你还没选好啊。
Kànlái nǐ hái méi xuǎnhǎo a.

张林 是啊。选来选去，还差两个学分。
Shì a. Xuǎn lái xuǎn qù, hái chà liǎng ge xuéfēn.

朴民秀 你可以选一门教养课。
Nǐ kěyǐ xuǎn yì mén jiàoyǎng kè.

张林 什么比较热门[4]，推荐一下。
Shénme bǐjiào rèmén, tuījiàn yíxià.

> [4] 热门은 인기가 있는 것이나 유행하는 것을 뜻하는 명사이다. 반의어는 冷门이다.

朴民秀 选韩国文化方面的吧。
Xuǎn Hánguó wénhuà fāngmiàn de ba.

张林 好主意！
Hǎo zhǔyi!

可以了解韩国文化，顺便练习韩语。
Kěyǐ liǎojiě Hánguó wénhuà, shùnbiàn liànxí Hányǔ.

张林打算选哪方面的教养课？

독해

3 민수와 장린의 수강 신청

01-04

民秀这学期一共选了六门专业课，其中四门是必修课，
Mínxiù zhè xuéqī yígòng xuǎnle liù mén zhuānyè kè, qízhōng sì mén shì bìxiū kè,

两门是选修课。张林还没选好课，选来选去，还差两个
liǎng mén shì xuǎnxiū kè. Zhāng Lín hái méi xuǎnhǎo kè, xuǎn lái xuǎn qù, hái chà liǎng ge

学分，这让张林很头疼。民秀建议张林选韩国文化
xuéfēn, zhè ràng Zhāng Lín hěn tóuténg. Mínxiù jiànyì Zhāng Lín xuǎn Hánguó wénhuà

方面的教养课。张林觉得这是个好主意，可以了解韩国
fāngmiàn de jiàoyǎng kè. Zhāng Lín juéde zhè shì ge hǎo zhǔyi, kěyǐ liǎojiě Hánguó

文化，顺便练习韩语。
wénhuà, shùnbiàn liànxí Hányǔ.

问一下

张林为什么头疼？

어법

1 반어 표현 什么

반어를 나타내는 什么는 긍정을 나타내는 의문 형태이지만, 실제로는 부정의 의미를 강조하는 표현이다.

多什么啊！
Duō shénme a!

漂亮什么啊！
Piàoliang shénme a!

A: 你买的水果真多！
Nǐ mǎi de shuǐguǒ zhēn duō!

B: 多什么啊！两天就都吃完了。
Duō shénme a! Liǎng tiān jiù dōu chīwán le.

형용사뿐만 아니라 동사와도 같이 쓰일 수 있다.

喜欢什么啊！
Xǐhuan shénme a!

知道什么啊！
Zhīdao shénme a!

A: 你很喜欢唱歌吧?
Nǐ hěn xǐhuan chànggē ba?

B: 喜欢什么啊！我唱得不好。
Xǐhuan shénme a! Wǒ chàng de bù hǎo.

명사와도 같이 쓰일 수 있지만, 이 때 명사는 什么 뒤에 놓인다.

什么女朋友啊！
Shénme nǚpéngyou a!

什么美女啊！
Shénme měinǚ a!

A: 这是你女朋友吗?
Zhè shì nǐ nǚpéngyou ma?

B: 什么女朋友啊！这是我妹妹。
Shénme nǚpéngyou a! Zhè shì wǒ mèimei.

확인문제

❶ 다음 문장을 반어 표현 什么를 이용하여 바꾸어 보세요.

① 今天不热。 → ______________________

② 这件事他不知道。 → ______________________

③ 她不是美女。 → ______________________

❷ 반어 표현 什么를 이용하여 문맥에 맞게 다음 대화를 완성하세요.

① A: 北京夏天很凉快吧? B: ____________, 热死了。

② A: 你来唱首歌吧。 B: ____________, 我不会唱。

③ A: 他是你的朋友吗? B: ____________, 我不认识他。

어법

2 사역동사 让

让은 '~하게 하다, ~하도록 시키다'라는 사역의 의미로, 어떤 대상으로 하여금 어떤 행동을 하게 하거나 어떤 감정을 표현하도록 하는데 쓰이며, 了, 着, 过와 같이 쓰이지 않는다.

选课让我很头疼。
Xuǎnkè ràng wǒ hěn tóuténg.

妈妈让我努力学习。
Māma ràng wǒ nǔlì xuéxí.

A: 让你久等了。
Ràng nǐ jiǔ děng le.

B: 没关系，我也刚来。
Méi guānxi, wǒ yě gāng lái.

확인문제

❶ 괄호 안의 단어와 사역동사 让을 이용하여 문장을 완성하세요.

① 我___弟弟______。(过来)

② 我___弟弟去______。(学校)

③ 我___弟弟很______。(生气)

❷ 다음 문장에서 틀린 부분을 찾아 바르게 고치세요.

① 我让过去。 → ____________________。

② 他让了我很伤心。 → ____________________。

③ 他的话让着我很感动。 → ____________________。

③ 동사 看来

看来는 '보기에, 보아하니'의 의미로, 어떤 상황을 근거로 하여 다른 상황을 추측하거나 유추함을 나타낸다. 보통 看来 앞에는 주어가 오지 않는다.

看来你还没选好课。
Kànlái nǐ hái méi xuǎnhǎo kè.

太阳出来了，看来下午不会下雨了。
Tàiyáng chūlai le, kànlái xiàwǔ bú huì xiàyǔ le.

A: 他们俩不说话了。
Tāmen liǎ bù shuōhuà le.

B: 看来昨天吵架了。
Kànlái zuótiān chǎojià le.

확인문제

❶ 괄호 안의 단어를 이용하여 문장을 완성하세요.

① 快上课了，他还没来，看来__________。(迟到)
곧 수업인데, 그는 아직 안 왔다. 보아하니 지각하겠다.

② 他们都很高兴，看来这次比赛__________。(赢)
그들은 기뻐했다. 보아하니 이번 시합은 이기겠다.

③ 他的网球打得非常好，看来__________。(经常)
그는 테니스를 잘한다. 보아하니 자주 하는 것 같다.

❷ 다음 주어진 단어를 배열하여 문장을 완성하세요.

① 他 / 看来 / 会 / 了 / 来 / 不

→ ____________________。 보아하니 그는 안 올 것이다.

② 汉语 / 看来 / 说 / 好 / 得 / 他 / 很

→ ____________________。 보아하니 그는 중국어를 잘한다.

③ 去 / 中国 / 看来 / 过 / 你

→ ____________________。 보아하니 너는 중국에 가봤구나.

4 동사+来+동사+去

'동사+来+동사+去'는 동사의 행동을 반복함을 나타낸다.

选来选去，还差两个学分。
Xuǎn lái xuǎn qù, hái chà liǎng ge xuéfēn.

想来想去，不知道什么专业最好。
Xiǎng lái xiǎng qù, bù zhīdao shénme zhuānyè zuì hǎo.

A: 你为什么总去那家饭店啊？
Nǐ wèishénme zǒng qù nà jiā fàndiàn a?

B: 吃来吃去，还是那家饭店最好吃。
Chī lái chī qù, háishi nà jiā fàndiàn zuì hǎochī.

확인문제

❶ 주어진 문장에 나온 장소를 참고하여 문장을 완성하세요.

① 孩子们在公园里________。 아이들이 공원에서 이리저리 뛰어다닌다.

② 鱼在水里________。 물고기가 물속에서 헤엄친다.

③ 他心情不好，一个人在路上________。 그는 기분이 좋지 않아, 혼자 길거리를 왔다갔다한다.

❷ 괄호 안의 단어를 이용하여 문장을 완성하세요.

① 今天的足球比赛很精彩，________，一直是1比1。(踢)

② ________，还是不知道晚上吃什么。(想)

③ 他总去卡拉OK，可是，________，只会一首歌。(唱)

5 부사 顺便

顺便은 '~하는 김에'라는 의미로, 어떤 일을 하는 것이 다른 일의 기회나 계기가 됨을 나타낸다.

顺便问一下，你的电话号码是多少？
Shùnbiàn wèn yíxià, nǐ de diànhuà hàomǎ shì duōshao?

你来首尔的时候，我们顺便见个面吧。
Nǐ lái Shǒu'ěr de shíhou, wǒmen shùnbiàn jiàn ge miàn ba.

A: 这是你在长城拍的照片吗？
Zhè shì nǐ zài Chángchéng pāi de zhàopiàn ma?

B: 是啊，去年去北京开会的时候，顺便去了长城。
Shì a, qùnián qù Běijīng kāihuì de shíhou, shùnbiàn qùle Chángchéng.

확인문제

❶ 괄호 안의 단어를 이용하여 문장을 완성하세요.

① 我____________，顺便借几本书。(图书馆) 나는 도서관에 공부하러 간 김에, 책 몇 권을 빌렸다.

② 我________________，顺便写作业。(咖啡厅) 나는 커피숍에 간 김에, 숙제를 했다.

③ 顺便问一下，________________？(食堂) 좀 여쭐게요, 식당은 어디에 있죠?

❷ 문맥에 맞게 다음 문장을 완성하세요.

① 你去便利店的时候，____________________。
넌 편의점에 가는 김에, 나 과일주스 한 병만 사다 줘.

② 你去买面包的时候，____________________。
빵을 사러 가는 김에, 나도 하나 사다 줘.

③ 昨天我和朋友逛街的时候，____________________。
어제 나는 친구와 돌아다니는 김에, 영화도 보러 갔다.

표현 확장 연습

01-05

1

冷什么啊，我还觉得热呢。

多	少
长	短
便宜	贵

응용 연습

A 你怎么来得这么晚？

B 晚什么啊，我还觉得早呢。

2

这部电影让我很感动。

件事	生气
个人	伤心
次考试	担心

응용 연습

A 这儿的服务怎么样？

B 这儿的服务让我很满意。

3

太阳出来了，看来不会下雨了。

花儿都开了	春天到了
他得了奖学金	他成绩很好
他吃了很多	他很饿

응용 연습

A 我预订了去北京的机票。

B 看来你又要去旅行了。

연습

1 녹음을 듣고 관련 있는 사진을 고르세요. 01-06

A　B　C　D

① ☐　② ☐　③ ☐　④ ☐

2 녹음을 듣고 주어진 문장과 일치하면 √를, 일치하지 않으면 ×를 표시하세요. 01-07

① 我选了五门课。 ☐　② 我没去过长城。 ☐

③ 我还没选好呢。 ☐　④ 我选了四门必修课。 ☐

3 녹음을 듣고 질문에 알맞은 대답을 고르세요. 01-08

① A 五门　B 六门　C 七门

② A 四门　B 两门　C 一门

③ A 选了　B 还没选　C 没有提到

④ A 不会下雨　B 会下雨　C 还不知道

4 다음 주어진 문장과 관련 있는 문장을 고르세요.

A 多什么啊！　B 你可以选一门教养课。
C 选课真让人头疼。　D 可以了解韩国文化，顺便练习韩语。

① 你选课选得怎么样？ ☐　② 这么多啊？ ☐

③ 选韩国文化方面的吧。 ☐　④ 选来选去，还差两个学分。 ☐

연습

5 다음 빈칸에 들어갈 알맞은 단어를 고르세요.

보기

A 看来　B 顺便　C 什么　D 让

① 你来首尔的时候，________ 我们见个面吧。

② ________ 要下雨了。

③ A: 这部电影怎么样?

B: 这部电影 ________ 我很感动。

④ A: 选课选得好吧?

B: 好 ________ 啊！ 还没选好呢。

6 다음 질문에 알맞은 답을 고르세요.

① 我想来想去，这学期还是选五门课比较好。选四门课的话，学分太少，选六门课的话，没有时间打工。

★ 我选了几门课?

A 四门　B 五门　C 六门

② 我问张林选课选得怎么样。她说还没选好。所以我向她推荐了两门教养课。

★ 我推荐了几门教养课?

A 一门　B 两门　C 三门

③ 民秀推荐我选一门教养课。所以我选了韩国文化方面的课。可以了解韩国文化，顺便练习韩语。

★ 我选了什么课?

A 韩国歌曲　B 韩国语言　C 韩国文化

7 본문 회화를 참고하여 친구에게 도움을 요청하는 대화를 해 보세요.

① 借了几本书?

② 吃了几个面包?

③ 唱了几首歌?

④ 买了几支笔?

참고대화

A: 你选了几门课?

B: 六门课。

A: 这么多啊?

B: 多什么啊！大家差不多都选了六门课。

중국 대학의 수강 신청 과정

중국 대학의 수강 신청 과목은, 우리와 마찬가지로 필수 과목과 선택 과목으로 구성된다. 필수 과목은 학교나 단과대학의 학과에서 정한 과목이고, 선택 과목은 학생들이 개인적으로 취미나 전공에 따라 자유롭게 선택하는 과목이다.

필수 과목은, 학교 공통 필수 과목과 전공 필수 과목이 있는데, 학교 공통 필수 과목은 전교 학생이 들어야 하며, 우리와는 달리 정치 이론, 외국어, 체육, 군사 이론, 컴퓨터 등의 과목이 포함된다. 어떤 학교에서는 수학과 법률을 포함하기도 한다. 전공 필수 과목은 각 단과대학의 학과 학생들이 들어야 하는 정해진 과목이다.

선택 과목의 분류와 이름은 학교에 따라 다르지만, 대체적으로 전교 임의 선택 과목, 전공 임의 선택 과목, 전공 제한 선택 과목, 연계 선택 과목으로 나뉘어져 있다. 전교 임의 선택 과목과 전공 임의 선택 과목은 학교나 전공에서 자유롭게 선택할 수 있는 과목이고, 전공 제한 선택 과목은 학교나 각 단과대학 학과에서 학생들이 수강 신청할 때 모종의 제한(수강생 수나 수강 범위 등)이 있는 과목이며, 연계 선택 과목은 전공이 아닌 선택 과목이다.
중국 대학에서 보통 문과생은 일부 자연과학 과목의 학점을 이수해야 하며, 이과생은 일부 문과 과목의 학점을 이수해야 한다. 또한 문과생, 이과생 상관없이 일부 예술 과목의 학점도 이수해야 한다.

단과대학의 학과	院系 yuàn xì	컴퓨터	计算机 jìsuànjī
공통의, 공공의	公共 gōnggòng	수학	数学 shùxué
정치 이론	政治理论 zhèngzhì lǐlùn	법률	法律 fǎlǜ
외국어	外语 wàiyǔ	문과	文科 wénkē
체육	体育 tǐyù	자연과학	自然科学 zìrán kēxué
군사	军事 jūnshì	이과	理科 lǐkē

02

我想开一个帐户。

계좌 하나를 개설하고 싶습니다.

학습 목표

1. 은행에서 계좌를 개설하고, 돈을 환전하는 내용과 표현을 익힌다.
2. 조동사와 '把자문'을 배운다.

기본 표현

1. 您得填一张开户申请书。
2. 请您把身份证给我。
3. 我还想申请一张银行卡。

단어

02-01

开 kāi 동 (계좌를) 개설하다

帐户 zhànghù 명 계좌

定期 dìngqī 형 정기의, 정기 예금의

还是 háishi 접 또는, 아니면

活期 huóqī 형 비정기의, 보통 예금의

需要 xūyào 동 필요하다, 요구되다

手续费 shǒuxù fèi 명 수수료

但 dàn 접 그러나, 하지만

开户 kāihù 동 계좌를 개설하다

申请书 shēnqǐngshū 명 신청서

身份证 shēnfènzhèng 명 신분증

存折 cúnzhé 명 통장

申请 shēnqǐng 동 신청하다

银行卡 yínhángkǎ 명 입출금 카드

换钱 huànqián 동 환전하다

汇率 huìlǜ 명 환율

付 fù 동 지불하다

取 qǔ 동 (돈을) 찾다

转帐 zhuǎnzhàng 동 (계좌를) 이체하다

회화

1 계좌 개설하기

02-02

朴民秀　您好！我想开一个帐户。
Nín hǎo!　Wǒ xiǎng kāi yí ge zhànghù.

职员　您要开定期的还是活期的？
Nín yào kāi dìngqī de háishi huóqī de?

朴民秀　活期的。需要手续费吗？
Huóqī de.　Xūyào shǒuxù fèi ma?

职员　不用，但您得填一张开户[1]申请书。
Bú yòng, dàn nín děi tián yì zhāng kāihù shēnqǐngshū.

> ❶ 开户에서 开는 '개설하다, 설립하다, 창립하다' 등 여러 가지 뜻을 가지고 있다. 开汉语课(중국어 수업을 개설하다), 开医院(병원을 개원하다), 开公司(회사를 창립하다) 등 동사구에 쓰인다.

朴民秀　我填好了。
Wǒ tiánhǎo le.

职员　好的，请您把身份证给我。
Hǎo de, qǐng nín bǎ shēnfènzhèng gěi wǒ.

朴民秀　除了[2]存折，我还想申请一张银行卡。
Chúle cúnzhé, wǒ hái xiǎng shēnqǐng yì zhāng yínhángkǎ.

> ❷ '除了……'는 '~를 제외하고'의 뜻이다.

职员　好，请等一下。
Hǎo, qǐng děng yíxià.

问一下

民秀要开定期的还是活期的帐户？

회화

2 인민폐로 환전하기

02-03

朴民秀 请问，这里能换钱吗？
Qǐngwèn, zhèli néng huànqián ma?

职员 可以，您要怎么换？
Kěyǐ, nín yào zěnme huàn?

朴民秀 我想把韩币换成人民币。
Wǒ xiǎng bǎ hánbì huànchéng rénmínbì.

职员 好的，您要换多少？
Hǎode, nín yào huàn duōshao?

朴民秀 我想换1000元人民币，需要多少韩币呢？
Wǒ xiǎng huàn yìqiān yuán rénmínbì, xūyào duōshao hánbì ne?

职员 现在的汇率是1:179[3]。您需要付179000[4]元韩币。
Xiànzài de huìlǜ shì yī bǐ yìbǎi qīshíjiǔ. Nín xūyào fù shíqīwàn jiǔqiān yuán hánbì.

朴民秀 我还没取韩币，可以用韩国的银行卡转帐吗？
Wǒ hái méi qǔ hánbì, kěyǐ yòng Hánguó de yínhángkǎ zhuǎnzhàng ma?

职员 可以，请把您的银行卡给我。
Kěyǐ, qǐng bǎ nín de yínhángkǎ gěi wǒ.

③ 환율을 말할 때의 콜론 ':'은 '比 bǐ'로 읽어준다. 그러므로 '1 : 179'는 '1比179'로 읽는다. 또는 '一元人民币兑换179元韩币'라고 해도 된다.

④ 자리수가 많은 숫자의 마지막 몇 자리가 모두 0인 경우에는 0을 다 읽지 않는다.

问一下

民秀想怎么换钱？

독해

3 계좌를 개설하고 환전하기

02-04

民秀在银行开了一个活期帐户。他在开户之前先填了
Mínxiù zài yínháng kāile yí ge huóqī zhànghù. Tā zài kāihù zhīqián xiān tiánle

开户申请书，然后把身份证给了银行职员。除了存折，
kāihù shēnqǐngshū, ránhòu bǎ shēnfènzhèng gěile yínháng zhíyuán. Chúle cúnzhé,

民秀还申请了一张银行卡。后来，民秀又去银行换钱了。
Mínxiù hái shēnqǐngle yì zhāng yínhángkǎ. Hòulái, Mínxiù yòu qù yínháng huànqián le.

他想把韩币换成人民币，因为[5]他需要1000元人民币。
Tā xiǎng bǎ hánbì huànchéng rénmínbì, yīnwèi tā xūyào yìqiān yuán rénmínbì.

当时的汇率是1:179，因此，民秀付给了银行179000元
Dāngshí de huìlǜ shì yī bǐ yìbǎi qīshíjiǔ, yīncǐ, Mínxiù fùgěile yínháng shíqīwàn jiǔqiān yuán

韩币。
hánbì.

[5] 因为는 '왜냐하면, ~하기 때문에'의 뜻이며 뒤에 이유가 오고, 因此는 '그래서, 그러므로'의 뜻이며 뒤에 결과가 온다.

问一下

民秀需要多少人民币？

어법

1 조동사 得, 应该

▪ 得 : '하지 않으면 안 된다, ~해야 한다'는 의미를 지닌다. 조동사 得는 děi로 읽으며, 객관적인 필요성이나 의무를 나타낼 때 사용한다.

您得填一张开户申请书。
Nín děi tián yì zhāng kāihù shēnqǐngshū.

还得付一些手续费。
Hái děi fù yìxiē shǒuxù fèi.

A: 我们明天去看电影吧!
Wǒmen míngtiān qù kàn diànyǐng ba!

B: 不行, 快考试了, 我得在家复习。
Bù xíng, kuài kǎoshì le, wǒ děi zài jiā fùxí.

得의 부정형은 不用, 不必이다.

A: 你今天得去学校吗?
Nǐ jīntiān děi qù xuéxiào ma?

B: 今天没有课, 不用去。
Jīntiān méiyǒu kè, búyòng qù.

▪ 应该 : '~해야 한다'는 의미로, 당연히 해야 하는 도리상의 요구를 나타낸다.

想在银行开账户, 应该先填一张开户申请书。
Xiǎng zài yínháng kāi zhànghù, yīnggāi xiān tián yì zhāng kāihù shēnqǐngshū.

学生应该努力学习。
Xuésheng yīnggāi nǔlì xuéxí.

应该는 구어체에서 该로 사용하기도 한다. 부정형은 不应该, 不该이다.

我该给她打个电话。
Wǒ gāi gěi tā dǎ ge diànhuà.

你不应该对他这么过分。
Nǐ bù yīnggāi duì tā zhème guòfèn.

확인문제

❶ 다음 문장을 부정문으로 바꾸어 보세요.

① 你得告诉我怎么做。 ➞ ____________

② 你应该吃早饭。 ➞ ____________

③ 他该去学校上课。 ➞ ____________

확인문제

❷ 다음 문장에서 틀린 부분을 찾아 바르게 고치세요.

① 我不得在这儿等他。 → ______________________

② 你给我该打个电话。 → ______________________

③ 下课以后我去得看一个朋友。 → ______________________

2 把자문(1)

개사(전치사) 把를 이용해 목적어를 동사 앞에 두어, 동사에 대한 부사어 역할을 하는 문장구조를 '把자문'이라고 한다.

请您把身份证给我。
Qǐng nín bǎ shēnfènzhèng gěi wǒ.

把您的帐号写一下。
Bǎ nín de zhànghào xiě yíxià.

'把자문'은 목적어인 사람이나 사물이, 외부로부터 어떤 행위나 처치를 당하거나 영향을 받아서 생긴 변화 또는 초래된 결과를 강조하는 구문이다.

我把作业做完了。
Wǒ bǎ zuòyè zuòwán le.

她把房间整理好了。
Tā bǎ fángjiān zhěnglǐ hǎo le.

A: 这儿真凉快!
Zhèr zhēn liángkuai!

B: 我把窗户打开了。
Wǒ bǎ chuānghu dǎkāi le.

어법

중국어에서는 이중목적어를 제외하고 동사 뒤에 두 개의 명사성분이 올 수 없기 때문에, 다음과 같은 예문은 꼭 '把자문'으로 써야 한다.

你把水果放在桌子上。
Nǐ bǎ shuǐguǒ fàng zài zhuōzi shang.

我把刚才取的钱放进钱包里了。
Wǒ bǎ gāngcái qǔ de qián fàngjìn qiánbāo li le.

또한 '把자문'은 상대방에게 어떤 행위를 하라고 명령하거나 요청하고, 그 행위를 통해 초래될 예상 결과를 강조하는 구문이다.

你把药吃了吧。
Nǐ bǎ yào chī le ba.

你把手机给我。
Nǐ bǎ shǒujī gěi wǒ.

A: 你把桌子擦一下，好吗?
Nǐ bǎ zhuōzi cā yíxià, hǎo ma?

B: 我现在没空儿。
Wǒ xiànzài méi kòngr.

확인문제

❶ 문맥에 맞게 다음 문장을 완성하세요.

① 你______打开吧。 에어컨을 틀어라.

② 学生__________老师。 학생은 꽃을 선생님에게 주었다.

③ 他__________修好了。 그는 자전거를 고쳤다.

❷ 다음 문장을 把자문으로 만들어 보세요.

① 我喝完了牛奶。 → __________

② 妈妈做好了菜。 → __________

③ 你洗一下这件衣服。 → __________

3 부사 还

우리말로 '또, 또한'이라는 의미를 지닌다.

我还想申请一张银行卡。
Wǒ hái xiǎng shēnqǐng yì zhāng yínhángkǎ.

你还得付一些手续费。
Nǐ hái děi fù yìxiē shǒuxù fèi.

A: 您还要别的吗?
Nín hái yào biéde ma?

B: 我还要买一个西瓜。
Wǒ hái yào mǎi yí ge xīguā.

우리말로 '아직'이라는 의미도 있다.

我还没有填取款单。
Wǒ hái méiyǒu tián qǔkuǎndān.

他还是大学生。
Tā hái shì dàxuéshēng.

A: 你的孩子几岁了?
Nǐ de háizi jǐ suì le?

B: 你说什么呀! 我还没结婚呢。
Nǐ shuō shénme ya! Wǒ hái méi jiéhūn ne.

확인문제

❶ 다음 괄호에서 还의 위치를 찾으세요.

① 我 (A) 去他 (B) 家的时候, 他 (C) 在 (D) 睡觉。

② 我没 (A) 吃饱, (B) 想 (C) 吃一个 (D) 包子。

③ 你 (A) 别 (B) 生气, (C) 他 (D) 是孩子嘛。

❷ 还를 이용하여 다음 대화를 완성하세요.

① A: 你到学校了吗?
넌 학교에 도착했니?

B: ____________
난 아직 학교에 못 도착했어.

② A: 你回韩国了吗?
넌 한국에 돌아왔니?

B: ____________
난 아직 중국에 있어.

③ A: 这家餐厅的菜怎么样?
이 식당의 음식은 어떠니?

B: 非常好吃, ____________。
굉장히 맛있어서, 난 또 가고 싶어.

표현 확장 연습

02-05

1

你得帮我一个忙。

好好儿工作

听我的话

去医院

응용 연습

A 今天天气怎么样？

B 今天下午要下雨，你得带雨伞。

2

你应该在家休息。

多看看书

穿运动鞋去学校

努力学习

응용 연습

A 我感冒了，身体不舒服。

B 你应该多喝水、多休息。

3

你把那本书给我。

门打开

药吃了吧

杯子洗一下

응용 연습

A 要我帮忙吗？

B 你帮我把床搬到那儿吧。

연습

1 녹음을 듣고 관련 있는 사진을 고르세요. 02-06

A B C D

① ② ③ ④

2 녹음을 듣고 주어진 문장과 일치하면 √를, 일치하지 않으면 ×를 표시하세요. 02-07

① 我想开一个定期的帐户。
② 不需要填开户申请书。
③ 我还想申请银行卡。
④ 我需要人民币。

3 녹음을 듣고 알맞은 대답을 고르세요. 02-08

① A 电影院 B 银行 C 自己家
② A 帐户 B 银行卡 C 身份证
③ A 西瓜 B 葡萄 C 苹果
④ A 二十块钱 B 三十块钱 C 四十块钱

4 다음 주어진 문장과 관련 있는 문장을 고르세요.

A 请出示身份证。 B 这是取款单。
C 付50块就行了。 D 要活期的还是定期的?

① 我要取钱。
② 我要开一个帐户。
③ 填取款单了吗?
④ 申请银行卡要多少手续费?

연습

5 다음 빈칸에 들어갈 알맞은 단어를 고르세요.

보기

A 把 B 应该 C 还 D 得

① 我已经开了一个帐户，________ 想申请银行卡。

② 您 ________ 填一张取款单。

③ 学生 ________ 努力学习。

④ 请您 ________ 身份证给我。

6 다음 질문에 알맞은 답을 고르세요.

① 民秀想开一个帐户，还想申请一个存折，所以下课后他去了银行。他还想换钱，不过没带韩币，所以不能换钱。

★ 民秀不能做什么?

A 开一个帐户 B 申请存折 C 换钱

② 今天我本来打算去银行开一个活期帐户，但是没带身份证，只带了学生证。银行职员告诉我没有身份证不能开。

★ 想开户时应该带什么?

A 银行卡 B 学生证 C 身份证

③ 民秀想换钱。银行职员说，今天的汇率是1:179，还需要手续费。

★ 今天的汇率是多少?

A 1:179 B 1:177 C 1:176

7 본문 회화를 참고하여 제시된 단어를 이용해, 은행에 가서 계좌를 개설하거나 돈을 환전할 때 직원에게 도움을 요청하는 대화를 해 보세요.

开	帐户	定期	活期	身份证
取钱	多少	1000元	银行卡	
存钱	多少	2000元	银行卡	
换钱	怎么换	把韩币换成人民币	要换的韩币	

참고대화

A: 您好，我想开一个帐户。

B: 定期的还是活期的?

A: 活期的。

B: 请把您的身份证给我。

중국의 신용카드

중국의 은행에서 발행하는 신용카드는 주로 다음과 같이 네 종류가 있는데, 이는 중국 공상은행에서 발행한 신용카드이다. 공상은행은 중국에서 규모가 가장 크며, 이 은행에서 발행하는 신용카드는 간단하게 牡丹卡라고도 한다. 아래 몇 가지의 카드가 통용된다.

牡丹国际借记卡(직불카드)

국내외에서 모두 사용이 가능하며, 인민폐와 달러 둘 다 결재가 가능하고, 구매나 현금 인출 등도 가능한 다기능 직불카드이다.

牡丹双币贷记卡(일반 신용카드)

일종의 선불카드로, 일정액을 정해 놓고 먼저 물건 등을 구매한 후 나중에 갚는 방식으로 사용한다. 국내외 모두 사용이 가능하며, 개인 최고 한도액은 인민폐 5万元까지 가능하다.

牡丹中油信用卡(제휴 신용카드)

중국 공상은행과 중국 석유공사가 공동으로 만들어 사용하는 제휴카드이다. 중국에서 처음으로 만들어진 주유소 결제 가능 카드이며, 주유대금을 카드로 결제 시 포인트까지 적립되는 카드이다.

牡丹美食卡(맞춤형 테마 신용카드)

외식을 주로 한 맞춤형 테마 신용카드이다. 일반적인 신용카드 기능 외에도 전국 가맹 레스토랑에서 특혜를 받을 수 있다.

직불카드(Debit Card) 借记卡 jièjìkǎ
일반 신용카드 标准信用卡 biāozhǔn xìnyòngkǎ
제휴 신용카드 联名信用卡 liánmíng xìnyòngkǎ
맞춤형 테마 신용카드 主题信用卡 zhǔtí xìnyòngkǎ

学打太极拳。

태극권을 배우다.

학습 목표

❶ 친구와 태극권, 드라마 보기 등의 취미에 관한 대화를 익힌다.

❷ 겸어문과 가능보어를 배운다.

기본 표현

❶ 听说你会打太极拳。

❷ 我想请你教我太极拳。

❸ 中文台词全都听得懂吗?

단어

03-01

太极拳 tàijíquán 명 태극권

请 qǐng 동 청하다, 부탁하다

放心 fàngxīn 동 마음을 놓다, 안심하다

杨幂 Yáng Mì 고유 양미[인명, 중국 배우 이름]

主演 zhǔyǎn 동 주연을 맡다

三生三世十里桃花 Sānshēng sānshì shílǐ táohuā 삼생삼세십리도화[드라마 제목]

有意思 yǒuyìsi 형 재미있다

的确 díquè 부 확실히, 분명히, 정말

台词 táicí 명 대사

懂 dǒng 동 알다, 이해하다

左右 zuǒyòu 명 가량, 안팎, 쯤[수량사 뒤에 쓰여 대략적인 수를 나타내며 上下와 비슷함]

剩下 shèngxia 동 남다, 남기다

再 zài 부 계속 ~한다면

半年 bàn nián 반년

相信 xiāngxìn 동 믿다, 신뢰하다

大大 dàdà 부 크게, 대폭, 대단히

帮忙 bāngmáng 동 돕다, 거들다

答应 dāying 동 대답하다, 허락하다

除了 chúle 개 ~외에, ~를 제외하고

电视剧 diànshìjù 명 드라마

1 태극권 배우기

03-02

朴民秀 张林，听说你会打太极拳。
Zhāng Lín, tīngshuō nǐ huì dǎ tàijíquán.

张林 是啊，不仅会打，而且很厉害。
Shì a, bùjǐn huì dǎ, érqiě hěn lìhai.

朴民秀 我想请你教我太极拳，可以吗？
Wǒ xiǎng qǐng nǐ jiāo wǒ tàijíquán, kěyǐ ma?

张林 没问题，什么时候开始？
Méi wèntí, shénme shíhou kāishǐ?

朴民秀 就[1]从今天开始吧，我想在两个月内就学会。
Jiù cóng jīntiān kāishǐ ba, wǒ xiǎng zài liǎng ge yuè nèi jiù xuéhuì.

张林 放心吧，我会让你在一个月内就学会的。
Fàngxīn ba, wǒ huì ràng nǐ zài yí ge yuè nèi jiù xuéhuì de.

[1] 就는 동작이 빨리 발생했거나 빨리 발생할 것임을 강조할 때 쓰인다.

问一下

民秀想多长时间内学会太极拳？

회화

2 드라마 보기

03-03

张林 民秀，在看什么电视呢？
Mínxiù, zài kàn shénme diànshì ne?

朴民秀 杨幂主演的《三生三世十里桃花》，很有意思。
Yáng Mì zhǔyǎn de《Sānshēng sānshì shílǐ táohuā》, hěn yǒuyìsi.

张林 的确很有意思。中文台词全都听得懂吗？
Díquè hěn yǒuyìsi. Zhōngwén táicí quán dōu tīng de dǒng ma?

朴民秀 要是全都听得懂就好了。
Yàoshi quán dōu tīng de dǒng jiù hǎo le.

目前我只听得懂70%左右。
Mùqián wǒ zhǐ tīng de dǒng bǎifēn zhī qīshí zuǒyòu.

张林 剩下的30%应该看得懂吧？
Shèngxia de bǎifēn zhī sānshí yīnggāi kàn de dǒng ba?

> ❷ 没错儿는 '틀림 없다'라는 뜻이다. 참고로 不错는 '안 틀리다'의 의미가 아닌 '괜찮다'는 의미이다.

朴民秀 没错儿❷，看的时候一点儿问题也没有。
Méi cuòr, kàn de shíhou yìdiǎnr wèntí yě méiyǒu.

张林 再过半年，我相信你的汉语听力一定会大大提高的。
Zài guò bàn nián, wǒ xiāngxìn nǐ de Hànyǔ tīnglì yídìng huì dàdà tígāo de.

朴民秀 那你可得多多帮忙了。
Nà nǐ kě děi duōduō bāngmáng le.

问一下

民秀现在的汉语听力怎么样？

독해

민수의 취미 생활

03-04

民秀最近喜欢上了太极拳，听说张林会打，他就请张林教他，张林马上[3]就答应了。除了太极拳，民秀最近也喜欢看电视剧，杨幂主演的《三生三世十里桃花》，很有意思。

Mínxiù zuìjìn xǐhuan shangle tàijíquán, tīngshuō Zhāng Lín huì dǎ, tā jiù qǐng Zhāng Lín jiāo tā, Zhāng Lín mǎshàng jiù dāying le. Chúle tàijíquán, Mínxiù zuìjìn yě xǐhuan kàn diànshìjù, Yáng Mì zhǔyǎn de《Sānshēng sānshì shílǐ táohuā》, hěn yǒuyìsi.

[3] 马上은 부사로, '곧, 즉시'라는 의미를 나타내며, 뒤에 종종 就를 수반하기도 한다.

民秀听力不太好，只听得懂70%，不过，剩下的30%他看得懂。张林说再过半年，民秀的汉语听力一定会大大提高的。

Mínxiù tīnglì bú tài hǎo, zhǐ tīng de dǒng bǎifēn zhī qīshí, búguò, shèngxia de bǎifēn zhī sānshí tā kàn de dǒng. Zhāng Lín shuō zài guò bàn nián, Mínxiù de Hànyǔ tīnglì yídìng huì dàdà tígāo de.

问一下

民秀最近都喜欢做什么？

어법

1 不仅……而且……

함께 쓰이는 접속사로, '~할 뿐만 아니라 또 ~하다'의 의미를 지닌다. 앞 절보다 뒤 절이 더욱 진일보된 뜻을 나타내며, 不仅 대신에 不但을 사용하기도 하고, 不仅 또는 不但을 생략하기도 한다.

他不仅长得帅，而且家里有钱。
Tā bùjǐn zhǎng de shuài, érqiě jiāli yǒuqián.

西瓜不仅个儿大，而且非常甜。
Xīguā bùjǐn gèr dà, érqiě fēicháng tián.

A: 你会开车吗?
Nǐ huì kāichē ma?

B: 我不但会开车，而且还会修车呢！
Wǒ búdàn huì kāichē, érqiě hái huì xiūchē ne!

확인문제

1 다음 문장에서 틀린 부분을 찾아 바르게 고치세요.

① 我妹妹不仅学习不好，而且非常漂亮。 → ____________________

② 今天的考试不仅难，还有题多。 → ____________________

③ 今天不仅热，而且没有太阳。 → ____________________

2 문맥에 맞게 다음 문장을 완성하세요.

① 东大门的衣服不仅便宜，而且______。 동대문의 옷은 저렴할 뿐만 아니라, 예뻐.

② 中国不仅面积很大，而且______。 중국은 면적이 클 뿐만 아니라, 사람도 많아.

③ 汉语不仅难说，而且______。 중국어는 말하기 어려울 뿐만 아니라, 쓰기도 어려워.

2 겸어문

한 문장 안에 두 개의 동사가 나오며, 앞에 나오는 동사의 목적어가 뒤에 나오는 동사의 주어 역할을 겸하는 문장을 겸어문이라고 한다. 자주 쓰이는 동사에는 让, 叫, 使, 请, 派 등이 있다.

老师让我去办公室。
Lǎoshī ràng wǒ qù bàngōngshì.

我请老师去我家。
Wǒ qǐng lǎoshī qù wǒ jiā.

A: 今晚有时间吗?
Jīnwǎn yǒu shíjiān ma?

B: 怎么了? 想请我吃饭吗?
Zěnme le? Xiǎng qǐng wǒ chīfàn ma?

부정형에서 부정사(不/没)는 첫 번째 동사나 동사구 앞에 놓인다.

老师不/没让我去办公室。
Lǎoshī bú/méi ràng wǒ qù bàngōngshì.

我不/没请老师去我家。
Wǒ bù/méi qǐng lǎoshī qù wǒ jiā.

A: 一起出去玩儿吧。
Yìqǐ chūqu wánr ba.

B: 我妈妈不让我出去, 她让我在家学习。
Wǒ māma bú ràng wǒ chūqu, tā ràng wǒ zài jiā xuéxí.

了, 着, 过와 같은 동태조사는 일반적으로 두 번째 동사 뒤에 온다.

妈妈让我买了一些水果。
Māma ràng wǒ mǎile yìxiē shuǐguǒ.

他请我去过他家。
Tā qǐng wǒ qùguo tā jiā.

A: 你坐在这里干什么呢?
Nǐ zuò zài zhèli gàn shénme ne?

B: 哥哥让我看着行李。
Gēge ràng wǒ kànzhe xíngli.

어법

조동사는 일반적으로 첫 번째 동사 앞에 놓는다.

我想请你帮个忙。
Wǒ xiǎng qǐng nǐ bāng ge máng.

公司会派我去日本。
Gōngsī huì pài wǒ qù Rìběn.

A: 你有什么事吗?
Nǐ yǒu shénme shì ma?

B: 我想请你陪我去书店。
Wǒ xiǎng qǐng nǐ péi wǒ qù shūdiàn.

확인문제

❶ 다음 문장을 부정문으로 바꾸어 보세요.

① 我请朋友帮我学习汉语。 → ____________________

② 他叫我明天早点来。 → ____________________

③ 学校让我们考新HSK四级。 → ____________________

❷ 다음 문장에서 틀린 부분을 바르게 고치세요.

① 他请了我吃饭。 → ____________________

② 公司派他将去中国。 → ____________________

③ 老师叫了我去办公室。 → ____________________

③ 가능보어

가능보어는 술어 동사 뒤에서, 그 동작의 달성 가능성이나 어떤 상황에 대한 가능성을 나타내는 보충어를 말한다. 긍정 형식은 '동사+得+가능보어'로 '~할 수 있다'는 의미를 나타내며, 부정 형식은 '동사+不+가능보어'로 '~할 수 없다'는 의미를 나타낸다.

我听得懂老师的话。
Wǒ tīng de dǒng lǎoshī de huà.

我听不懂那位专家的话。
Wǒ tīng bu dǒng nà wèi zhuānjiā de huà.

A: 你怎么上前边来了?
Nǐ zěnme shàng qiánbian lái le?

B: 因为我看不清黑板上的字。
Yīnwèi wǒ kàn bu qīng hēibǎn shang de zì.

확인문제

❶ 괄호 안의 단어와 가능보어를 이용하여 문장을 완성하세요.

① 他学过汉语，他______我们说话。(听懂) 그는 중국어를 배워봐서, 우리 말을 이해한다.

② 我______我的手机了。(找到) 나는 내 휴대전화를 찾지 못했다.

③ 蛋糕太大了，我一个人______。(吃完) 케이크가 너무 커서, 나 혼자서는 다 먹을 수 없다.

❷ 다음 문장에서 틀린 부분을 찾아 바르게 고치세요.

① 汉语太难了，我不学好。 → ____________

② 你看得见下雨的声音吗? → ____________

③ 放心吧，我考大学得上。 → ____________

어법

4 要是……就好了

'~했으면 좋겠다'는 의미로, 주로 현실과 어긋나거나 현실에서 이루어질 수 없는 화자의 바람을 표현한다.

这件衣服要是我的就好了。
Zhè jiàn yīfu yàoshi wǒ de jiù hǎo le.

今天要是不来就好了，太没意思了！
Jīntiān yàoshi bù lái jiù hǎo le, tài méi yìsi le!

A: 考试没及格呀？
Kǎoshì méi jígé ya?

B: 是啊，昨天要是复习就好了。
Shì a, zuótiān yàoshi fùxí jiù hǎo le.

확인문제

❶ 괄호 안의 단어와 '要是……就好了' 구문을 이용하여 다음 대화를 완성하세요.

① A: 电影票已经卖完了。 B: ____________ (预定)
영화표가 벌써 다 팔렸다. 어제 예약했으면 좋았을 텐데.

② A: 今天上课又迟到了？ B: ____________ (起床)
오늘 수업 또 지각했지? 아침에 일찍 일어났으면 좋았을 텐데.

③ A: 下雨了，我们等一会吧。 B: ____________ (带雨伞)
비가 오니, 우리 좀 기다리자. 우산을 가져왔으면 좋았을 텐데.

❷ 다음 주어진 단어를 배열하여 문장을 완성하세요.

① 来之前 / 要是 / 打 / 电话 / 个 / 就好了 오기 전에 전화했으면 좋았을 텐데.
→ ____________

② 有 / 就好了 / 我 / 要是 / 很 / 多钱 내가 돈이 많으면 좋았을 텐데.
→ ____________

③ 要是 / 复习 / 好好儿 / 就好了 복습을 잘 했으면 좋았을 텐데.
→ ____________

5 동사 相信

相信 뒤에는 목적어가 두 개 올 수 있는데 하나는 명사성성분이고, 다른 하나는 동사성성분이다.

我相信自己的眼睛。
Wǒ xiāngxìn zìjǐ de yǎnjing.

你相信我吗?
Nǐ xiāngxìn wǒ ma?

A: 我相信你一定能成功!
Wǒ xiāngxìn nǐ yídìng néng chénggōng!

B: 真的吗?
Zhēn de ma?

확인문제

❶ 다음 괄호에서 相信의 위치를 찾으세요.

① 我 (A) 明天 (B) 雨 (C) 会 (D) 停的。

② 你 (A) 总是 (B) 不 (C) 自己的 (D) 能力。

③ 老师 (A) 我 (B) 说的 (C) 都是 (D) 真的。

❷ 다음 주어진 단어를 배열하여 문장을 완성하세요.

① 为什么 / 我 / 你 / 相信 / 不 / 就是 / 呢　왜 너는 날 믿지 못하니?

→ ________________

② 相信 / 的 / 一定 / 我 / 来 / 他 / 会　나는 그가 틀림없이 올 거라고 믿는다.

→ ________________

③ 相信 / 老师 / 话 / 了 / 的 / 我　선생님은 내 말을 믿으신다.

→ ________________

표현 확장 연습

03-05

1

今天不仅刮大风，而且下大雨。

有汉语考试　有英语考试
得早起　还得晚睡
天气好　心情也好

응용 연습

A 今天的汉语考试怎么样？
B 不仅简单，而且题少。

2

我想请你吃饭。

看电影
去唱歌
去我家

응용 연습

A 你找我有事吗？
B 我想请你吃饭。

3

要是这里有张床就好了。

早点下课
下午没有课
现在可以睡觉

응용 연습

A 你是不是很累？
B 是啊，要是这里有张床就好了。

연습

1 녹음을 듣고 관련 있는 사진을 고르세요. 03-06

A B C D

① ② ③ ④

2 녹음을 듣고 주어진 문장과 일치하면 √를, 일치하지 않으면 ×를 표시하세요. 03-07

① 西瓜非常甜。

② 老师自己去了办公室。

③ 我还没找着手机。

④ 现在我没有钱。

3 녹음을 듣고 알맞은 대답을 고르세요. 03-08

① A 为了和哥哥见面 B 因为有事 C 为了看行李

② A 她想在家学习 B 她不想玩儿 C 妈妈不让她出去

③ A 没及格 B 及格了 C 还没发表

④ A 听不懂 B 听懂了一点儿 C 完全听得懂

4 다음 주어진 문장과 관련 있는 문장을 고르세요.

A 中文台词全都听得懂吗? B 就从今天开始吧。
C 民秀的听力不太好。 D 听说你会打太极拳。

① 民秀只听得懂30%。

② 不仅会打，而且很厉害。

③ 要是全都听得懂就好了。

④ 没问题，什么时候开始?

연습

5 다음 빈칸에 들어갈 알맞은 단어를 고르세요.

보기

A 请　　B 看不清　　C 要是　　D 相信

① 我 ________ 你一定能成功!

② 这件衣服 ________ 我的就好了。

③ A: 你怎么上前边来了?

B: 因为我 ________ 黑板上的字。

④ 听说张林会打太极拳，民秀想 ________ 张林教他。

6 다음 질문에 알맞은 답을 고르세요.

① 民秀问张林会不会打太极拳。张林说会打太极拳。所以民秀请张林教自己太极拳。

★ 谁会打太极拳?

A 张林　　B 民秀　　C 明明

② 民秀看中国电视剧的时候只听得懂70%，剩下的30%他看得懂。他认为要是全都听得懂就好了。

★ 民秀的听力怎么样?

A 不好　　B 比较好　　C 非常好

③ 张林对民秀说:“再过半年你的汉语听力一定会大大提高的。”

★ 张林对民秀说他的汉语听力以后会怎么样?

A 大大提高　　B 没什么发展　　C 不太清楚

7 본문 회화를 참고하여 친구에게 도움을 요청하는 대화를 해 보세요.

① 说汉语

② 帮我买衣服

③ 吃饭

④ 陪我去书店

참고대화

A: 你会打太极拳吗?

B: 会啊，有什么事吗?

A: 我想请你教我太极拳。

B: 没问题。

태극권

태극권은 중국의 많은 무술 권법 중 하나로, 3~4백 년의 역사를 가지고 있으며, 명나라 때 생겨나 민국시대 이후 광범위하게 보급되었다. 현재는 중국을 대표하는 건강운동의 하나로, 중국에서는 아침에 공원이나 광장에서 많은 사람이, 특히 노인들이 태극권을 수련하는 모습을 흔히 볼 수 있다. 태극권은 여러 가지 특징을 지니고 있는데 그 중에서 가장 중요한 몇 가지는 다음과 같다.

첫째, 동작이 연속된다. 태극권의 동작은 시작부터 끝까지 이어지므로, 한 동작이 완성되면 다음 동작의 시작으로 연결되는데, 이 때문에 태극권의 동작을 长江(창장)이 유유히 흐르는 것과 같다고 비유하기도 했다.

둘째, 동작이 유연하다. 태극권은 부드럽고 천천히 움직임으로써 근육을 이완시키고 몸의 피로를 없애준다. 성격이 급한 사람에게 태극권을 추천하는 이유는 태극권을 수련하면 마음이 평온해지고 태도가 온화해지기 때문이다.

셋째, 모든 동작이 커다란 원 안에서, 원을 그리듯이 움직인다.

넷째, 정신과 육체의 결합을 매우 중시한다. 이 때문에 외형적인 근육의 강건함만을 추구하지 않고 체내의 기의 순환을 자유롭게 하여 신진대사를 원활하게 하고, 생각은 맑게 하여 내외의 조화를 적합하게 해준다. 이와 같은 특성 때문에 오늘날까지도 많은 중국인이 태극권을 수련하는 것이다.

〈태극권을 통해 신체를 단련하는 모습〉

〈태극권을 하는 모습〉

我周末要搬家。

주말에 이사하려고 합니다.

학습 목표

❶ 친구 사이에 일을 도와주며, 묻고 답하는 내용과 표현을 익힌다.

❷ 연동문과 동사의 중첩형식을 배운다.

기본 표현

❶ 需要我帮忙的话，尽管说。

❷ 你想搬到学校外面住吗?

❸ 就在学校附近。

❹ 朋友间这么客气干吗?

단어

04-01

尽管 jǐnguǎn 부 마음껏

搬 bān 동 옮기다, 이사하다

到 dào 동 이르다

口语 kǒuyǔ 명 구어

包 bāo 동 일을 도맡다, 전적으로 책임지다

合适 héshì 형 적당하다, 적합하다

房子 fángzi 명 집, 방

正好 zhènghǎo 부 마침

有空 yǒu kòng 틈이 나다

间 jiān 명 사이

干吗 gànmá 대 왜, 어째서

拜托 bàituō 동 부탁하다

회화

1 룸메이트 구하기

04-02

朴民秀 张林，能帮我一个忙吗？
Zhāng Lín, néng bāng wǒ yí ge máng ma?

张林 需要我帮忙的话[1]，尽管说。
Xūyào wǒ bāngmáng dehuà, jǐnguǎn shuō.

[1] '(如果)……的话'는 '만약 ~한다면'의 의미로, 어떤 것을 가정할 때 자주 쓰는 형식이다. 如果나 的话는 각각 생략할 수 있다.

朴民秀 帮我找一个室友吧。
Bāng wǒ zhǎo yí ge shìyǒu ba.

张林 你想搬到学校外面住吗？
Nǐ xiǎng bāndào xuéxiào wàimian zhù ma?

朴民秀 是啊。我想找中国朋友一起住，多练练口语。
Shì a. Wǒ xiǎng zhǎo Zhōngguó péngyou yìqǐ zhù, duō liànlian kǒuyǔ.

张林 行，包在我身上[2]。
Xíng, bāo zài wǒ shēnshang.

[2] '包在我身上'은 '내게 맡겨'라는 뜻으로 상대방의 부탁을 들어줄 때 주로 사용하는 표현이다. 보통 1인칭에만 쓰이며, 身上은 다른 단어로 바꿀 수 없다.

问一下

民秀为什么想和中国朋友一起住？

회화

2 이사 계획하기

04-03

朴民秀 张林，谢谢你帮我找到了室友。
Zhāng Lín, xièxie nǐ bāng wǒ zhǎodàole shìyǒu.

张林 这点小事儿，谢什么啊。找到合适的房子了吗？
Zhè diǎn xiǎoshìr, xiè shénme a. Zhǎodào héshì de fángzi le ma?

朴民秀 找到了，就在学校附近。
Zhǎodàole, jiù zài xuéxiào fùjìn.

张林 你打算什么时候搬家？
Nǐ dǎsuan shénme shíhou bānjiā?

朴民秀 就这个星期六。
Jiù zhège xīngqīliù.

张林 星期六我正好有空，我去帮你吧。
Xīngqīliù wǒ zhènghǎo yǒu kòng, wǒ qù bāng nǐ ba.

朴民秀 那就麻烦你了[3]。
Nà jiù máfan nǐ le.

张林 朋友间这么客气干吗？
Péngyou jiān zhème kèqi gànmá?

[3] 麻烦你了는 부탁하기 전과 부탁한 후에 모두 쓸 수 있다. 부탁하기 전에 구체적으로 도움이 필요한 일이 있으면, 麻烦你 뒤에 부탁할 내용을 써준다.
예 麻烦你给我一杯水。(미안한데 나 물 한 잔만 좀 줘.)

问一下

民秀什么时候搬家？

3 민수의 이사 계획과 룸메이트 구하기

04-04

民秀一直住在学校的宿舍里，最近他想搬到学校
Mínxiù yìzhí zhùzài xuéxiào de sùshè li, zuìjìn tā xiǎng bāndào xuéxiào

外面住。他拜托张林帮他找一个室友，因为他想和中国
wàimian zhù. Tā bàituō Zhāng Lín bāng tā zhǎo yí ge shìyǒu, yīnwèi tā xiǎng hé Zhōngguó

朋友一起住，多练练口语。民秀在学校附近找到了合适
péngyou yìqǐ zhù, duō liànlian kǒuyǔ. Mínxiù zài xuéxiào fùjìn zhǎodàole héshì

的房子，他打算这个星期六就搬家。张林这个星期六
de fángzi, tā dǎsuan zhège xīngqīliù jiù bānjiā. Zhāng Lín zhège xīngqīliù

正好有时间，她要[4]去帮民秀搬家。
zhènghǎo yǒu shíjiān, tā yào qù bāng Mínxiù bānjiā.

[4] 要는 조동사로 쓰이며, '~해야 한다, ~하려고 하다'의 의미를 지닌다.
예 我一定要好好学习。(나는 반드시 열심히 공부해야 한다.)
张林星期六要来帮忙。(장린은 토요일에 와서 도와주려고 한다.)

问一下

张林星期六去帮民秀搬家吗?

어법

 부사 尽管

'제한 없이, 마음껏 하다'는 의미의 부사로, 동사 앞에 위치한다.

别客气，尽管吃。
Bié kèqi, jǐnguǎn chī.

不用担心，你尽管去吧。
Búyòng dānxīn, nǐ jǐnguǎn qù ba.

A: 你一个人能做完吗?
Nǐ yí ge rén néng zuòwán ma?

B: 能，你尽管走吧。
Néng, nǐ jǐnguǎn zǒu ba.

A: 为什么还没到，这条路对吗?
Wèishénme hái méi dào, zhè tiáo lù duì ma?

B: 你尽管放心，我对这里非常熟悉。
Nǐ jǐnguǎn fàngxīn, wǒ duì zhèli fēicháng shúxī.

확인문제

❶ 尽管을 이용하여 문맥에 맞게 다음 대화를 완성하세요.

① 这是我做的菜，你_______吧。 이건 내가 만든 요리니, 마음껏 먹어.

② 如果有好的想法，你_______。 만약 좋은 생각이 있으면, 마음껏 제안해줘.

③ 这些工作我一个人做就行了，你_______吧。 이 일들은 나 혼자서도 할 수 있으니, 넌 그냥 가.

❷ 괄호 안의 단어를 이용하여 문장을 완성하세요.

① ________________，你尽管说。(帮忙) 내 도움이 필요하면 마음껏 말해.

② ________________，你尽管看。(我的书) 이것은 모두 내 책이니, 마음껏 읽어.

③ ________________，你尽管点。(请客) 오늘은 내가 낼 테니, 마음껏 주문해.

❷ 연동문(2)

두 개 이상의 동작이 행해지는 순서에 따라, 동사나 동사구가 이어서 나타나는 문장을 연동문이라고 한다.

搬到学校外面住。
Bāndào xuéxiào wàimian zhù.

帮我找一个室友。
Bāng wǒ zhǎo yí ge shìyǒu.

A: 周末你打算干什么?
Zhōumò nǐ dǎsuan gàn shénme?

B: 我想找一个中国朋友一起搬家。
Wǒ xiǎng zhǎo yí ge Zhōngguó péngyou yìqǐ bānjiā.

부정형에서 부정사(不/没)는 첫 번째 동사나 동사구의 앞에 놓는다.

不/没搬到学校外面住。
Bù/Méi bāndào xuéxiào wàimian zhù.

不/没去图书馆借书。
Bú/Méi qù túshūguǎn jiè shū.

A: 民秀已经搬到学校外面住了吗?
Mínxiù yǐjing bāndào xuéxiào wàimian zhù le ma?

B: 他还没搬到学校外面住呢。
Tā hái méi bāndào xuéxiào wàimian zhù ne.

조동사는 첫 번째 동사나 동사구의 앞에 놓는다.

我想搬到学校外面住。
Wǒ xiǎng bāndào xuéxiào wàimian zhù.

我要找中国朋友一起住。
Wǒ yào zhǎo Zhōngguó péngyou yìqǐ zhù.

A: 民秀为什么搬家?
Mínxiù wèishénme bānjiā?

B: 他想找中国朋友一起住。
Tā xiǎng zhǎo Zhōngguó péngyou yìqǐ zhù.

어법

완료를 나타내는 了는 맨 끝의 동사나 동사구에 붙인다.

搬到学校外面住了。
❶ ❷
Bāndào xuéxiào wàimian zhù le.

去电影院看电影了。
❶ ❷
Qù diànyǐngyuàn kàn diànyǐng le.

A: 你周末干什么了?
Nǐ zhōumò gàn shénme le?

B: 我去书店买书了。
❶ ❷
Wǒ qù shūdiàn mǎi shū le.

확인문제

❶ 다음 문장을 부정문으로 바꾸어 보세요.

① 我去北京学习汉语了。 → ____________________

② 我去年坐船去中国了。 → ____________________

③ 张林星期六来帮忙。 → ____________________

❷ 다음 문장에서 틀린 부분을 찾아 바르게 고치세요.

① 他吃饭回家了。 → ____________________

② 他用汉语想会话。 → ____________________

③ 他去了图书馆学习。 → ____________________

3 동사중첩(1)

같은 동사를 두 번 연달아 쓰는 것을 동사중첩이라고 한다. 동작이나 행위를 나타내는 동사를 중첩하면 시도의 의미나 동작의 시간이 짧음을 나타내며, 어투를 부드럽게 한다.

我想练练口语。
Wǒ xiǎng liànlian kǒuyǔ.

我来介绍介绍。
Wǒ lái jièshao jièshao.

A: 这位是谁?
Zhè wèi shì shéi?

B: 我来介绍介绍，这位是新来的王老师。
Wǒ lái jièshao jièshao, Zhè wèi shì xīn lái de Wáng lǎoshī.

확인문제

❶ 동사중첩을 이용하여 문장을 완성하세요.

① 这首歌不好听，你_____吧。 이 노래는 듣기에 별로네, 너도 들어봐.

② 我的手机丢了，你帮我_____吧。 내가 휴대전화를 잃어버렸으니, 네가 좀 찾아줘.

③ 汉语很有意思，我想好好_____。 중국어는 정말 재미있어서, 나는 잘 배우고 싶다.

❷ 다음 문장에서 틀린 부분을 찾아 바르게 고치세요.

① 我昨天练练口语了。 ➡ ______________

② 请你来介介绍绍吧。 ➡ ______________

③ 我们一起问问去张林吧。 ➡ ______________

어법

4 부사 就

'사실이 바로 그렇다'는 것을 나타내며, 우리말로 '바로, 꼭'이라는 의미이다.

我打算这个星期六就搬家。
Wǒ dǎsuan zhège xīngqīliù jiù bānjiā.

书店就在图书馆后面。
Shūdiàn jiù zài túshūguǎn hòumian.

A: 你打算什么时候搬家?
Nǐ dǎsuan shénme shíhou bānjiā?

B: 就这个星期六。
Jiù zhège xīngqīliù.

A: 你穿的衣服真漂亮!
Nǐ chuān de yīfu zhēn piàoliang!

B: 是吗? 就是昨天买的。
Shì ma? Jiù shì zuótiān mǎi de.

확인문제

1 다음 괄호에서 就의 위치를 찾으세요.

① 我 (A) 打算 (B) 明年 (C) 去中国 (D) 留学。

②(A) 那 (B) 这么 (C) 办吧 (D) 。

③ 我的家 (A) 在 (B) 百货商店的 (C) 对面 (D) 。

2 다음 주어진 단어를 배열하여 문장을 완성하세요.

① 张林 / 叫 / 我 / 你 / 就 / 吧 너는 나를 장린이라고 불러.

→ ______________________________

② 中秋节 / 下个 / 就 / 星期一 / 是 / 了 다음주 월요일이 바로 중추절이야.

→ ______________________________

③ 照片 / 是 / 那个人 / 里的 / 就 / 王老师 사진 안의 그 분이 바로 왕 선생님이셔.

→ ______________________________

5 干吗

'왜, 어째서'라는 뜻으로 반문의 어기를 나타내며, 주로 동사술어문에서 쓰인다. 干吗는 동사 앞뒤에 모두 위치할 수 있고, 일반적으로 형용사와는 같이 쓰이지 않는다.

朋友间这么客气干吗?
Péngyou jiān zhème kèqi gànmá?

我不知道, 你干吗问我?
Wǒ bù zhīdao, nǐ gànmá wèn wǒ?

A: 你一个人干吗点这么多菜?
Nǐ yí ge rén gànmá diǎn zhème duō cài?

B: 都是我想吃的菜。
Dōu shì wǒ xiǎng chī de cài.

확인문제

❶ 다음 문장에서 틀린 부분을 찾아 바르게 고치세요.

① 妈妈, 你给哥哥干吗那么多钱? → ______

② 张林, 你一个人干吗吃饭? → ______

③ 今天干吗这么冷? → ______

❷ 문맥에 맞게 다음 대화를 완성하세요.

① A: 对不起。
미안해.
B: 你干吗______? 这件事不是你的错。
넌 왜 미안하다고 말하니? 이 일은 네 잘못이 아니야.

② A: 今天早上上课迟到了。
오늘 아침에 수업에 늦었어.
B: 你干吗______?
넌 왜 일찍 일어나지 않았니?

③ A: 张林生气了吗?
장린은 화났니?
B: 我怎么知道呢? 你干吗______?
내가 어떻게 아니? 넌 왜 나한테 물어?

표현 확장 연습

04-05

1

这里有很多书，尽管看吧。

菜　吃
酒　喝
电脑　用

응용 연습

A 我可以问你几个问题吗？
B 有问题的话，你尽管问吧。

2

我想看看你的书。

听听　CD
骑骑　自行车
参观参观　新家

응용 연습

A 外面下雨了吗？
B 我出去看看。

3

天气这么好，你干吗不出去玩儿？

今天有课　还在家
明天有考试　不学习
这么晚了　不回家

응용 연습

A 这件事要不要告诉他？
B 干吗告诉他？我不想告诉他。

연습

1 녹음을 듣고 관련 있는 사진을 고르세요. 04-06

A B C D

① ② ③ ④

2 녹음을 듣고 주어진 문장과 일치하면 √를, 일치하지 않으면 ×를 표시하세요. 04-07

① 我想用英语会话。

② 这个周末我打算去图书馆。

③ 图书馆就在书店前边。

④ 他不让我去。

3 녹음을 듣고 알맞은 대답을 고르세요. 04-08

① A 知道 B 有点儿知道 C 不知道

② A 为了请客 B 想吃 C 很饿

③ A 学汉语 B 找一个中国朋友 C 学韩语

④ A 学生 B 朋友 C 老师

4 다음 주어진 문장과 관련 있는 문장을 고르세요.

A 找到合适的房子了吗？ B 我想找一个室友。
C 你打算什么时候搬家？ D 民秀想多练练口语。

① 包在我身上。

② 他想找中国朋友一起住。

③ 找到了，就在学校附近。

④ 就这个星期六。

연습

5 다음 빈칸에 들어갈 알맞은 단어를 고르세요.

보기

A 合适　B 正好　C 尽管　D 干吗

① 星期六我 ________ 有时间，我帮你搬家吧。

② 找到 ________ 的房子了吗?

③ 朋友间这么客气 ________ ?

④ 需要我帮忙的话, ________ 说。

6 다음 질문에 알맞은 답을 고르세요.

① 这个星期六我打算搬家。我请张林帮我找一个室友。

★ 我什么时候搬家?

A 星期五　B 星期日　C 星期六

② 语法重要，作文也重要，不过我认为口语最重要。所以我想多练练口语。

★ 我觉得最重要的是什么?

A 语法　B 口语　C 作文

③ 书店就在图书馆后面。我平时经常去书店看看书。

★ 我经常去书店干什么?

A 看看书　B 借书　C 买书

7 본문 회화를 참고하여 친구에게 도움을 요청하는 대화를 해 보세요.

① 买一个蛋糕

② 买点儿水果

③ 练习汉语

④ 订一张机票

참고대화

A: 你能帮我一个忙吗?
B: 需要我帮忙的话，尽管说。
A: 帮我买一本汉语书吧。
B: 行，包在我身上。

학교 기숙사 VS 학교 밖 아파트

중국의 대학교는 우리나라와는 달리, 모든 학교에서는 모든 학생이 기숙사를 이용할 수 있도록 해준다. 이는 중국의 여러 지역에서 오는 학생들이 기숙사에서 머물 수 있도록 하기 위함이다.

중국 학생들은 4~6명이 한 방에서 지낸다. 세면실과 화장실은 공용이며, 학교 내에 있는 학생 목욕탕의 샤워시설을 이용하는 것이 일반적이다. 기숙사의 방은 보통 침실이라고 하며, 침실을 같이 쓰는 룸메이트는 같은 집에 사는 하우스메이트와 구분하여 말한다. 일반적으로 외국인 유학생 기숙사의 시설은 1인실 혹은 2인실로, 기숙사의 종류에 따라 개인욕실, 공용욕실, 공동주방, 세탁실 등의 시설이 갖추어져 있다.

학교 내 기숙사에 머물지 않고 학교 밖 아파트에서 세를 얻어 사는 경우도 많은데, 중국인 가정집 방을 세를 얻어 사는 경우도 있지만, 주로 몇 명이 함께 아파트에서 월세를 사는 것이 경제적이기 때문에 후자를 선택하는 것이 일반적이다. 과거에 지어진 아파트는 실내에서도 신발을 신는 방식이지만, 최근 건축된 신식 아파트의 경우, 한국식 온돌 방식이 갖춰 있기도 하다. 아파트 내부는 우리나라와 같이 거실, 주방, 화장실(화장실 내에 샤워부스인 욕실이 있음), 방 등으로 구성되어 있다.

〈기숙사 실내〉

〈외부 아파트 실내〉

기숙사	宿舍	sùshè
화장실	卫生间	wèishēngjiān
침실	寝室	qǐnshì
룸메이트	室友	shìyǒu
1인실	单人间	dānrénjiān
2인실	双人间	shuāngrénjiān
온돌	地热	dìrè
거실	客厅	kètīng
주방	厨房	chúfáng
욕실	浴室	yùshì
방	房间	fángjiān

我爱我家。

저는 제 집이 좋습니다.

학습 목표

❶ 외부 거주 시의 생활 비용 및 집들이로 친구를 초대하는 일과 관련된 표현을 익힌다.

❷ 비교문과 단어 열거법을 배운다.

기본 표현

❶ 每个月的费用是不是比住校内高多了?

❷ 超市啊、理发店啊、干洗店什么的都在我家周围。

단어

05-01

房租 fángzū 명 집세, 임차료

另 lìng 부 따로, 별도로

交 jiāo 동 내다, 제출하다

押金 yājīn 명 보증금, 담보금

费用 fèiyòng 명 비용, 지출

住宿 zhùsù 동 묵다, 숙박하다

商量 shāngliang 동 상의하다, 의논하다

各 gè 부 각자, 각각

一半 yíbàn 명 반, 절반

生活费 shēnghuó fèi 명 생활비

估计 gūjì 동 예측하다, 짐작하다

差不多 chàbuduō 형 비슷하다, 차이가 별로 없다

心意 xīnyì 명 (사람에 대한) 호의, 성의

祝贺 zhùhè 동 축하하다

破费 pòfèi 동 (돈, 시간을) 쓰다

感觉 gǎnjué 명 감각, 느낌

理发店 lǐfàdiàn 명 미용실

干洗店 gānxǐdiàn 명 세탁소

周围 zhōuwéi 명 주위, 주변

便利设施 biànlì shèshī 명 편의 시설

회화

 외부 거주 비용 묻기

05-02

张林 听说你找到房子了，房租一定很贵吧？
Tīngshuō nǐ zhǎodào fángzi le, fángzū yídìng hěn guì ba?

朴民秀 一个月的房租是五千块钱。另交一个月的押金。
Yí ge yuè de fángzū shì wǔqiān kuài qián. Lìng jiāo yí ge yuè de yājīn.

张林 那，每个月的费用是不是比住校内高多了？
Nà, měi ge yuè de fèiyòng shì bu shì bǐ zhù xiào nèi gāo duō le?

朴民秀 住宿费呢❶，我和室友商量好各交一半，
Zhùsù fèi ne, wǒ hé shìyǒu shāngliang hǎo gè jiāo yíbàn,

所以更便宜。
suǒyǐ gèng piányi.

❶ 呢는 문장 가운데 쓰이면 휴지(休止)를 나타내고,
❷ 와 같이 의문문 끝에 쓰이면 강조를 나타낸다.

张林 那，生活费呢❷？
Nà, shēnghuó fèi ne?

朴民秀 我们打算晚饭自己做，早饭、午饭在学校吃，
Wǒmen dǎsuan wǎnfàn zìjǐ zuò, zǎofàn、wǔfàn zài xuéxiào chī,

估计生活费也跟住校内差不多❸。
gūjì shēnghuó fèi yě gēn zhù xiào nèi chàbuduō.

❸ 'A跟B差不多'는 'A와 B가 비슷하다'는 의미로 두 대상간의 차이가 별로 없음을 나타낸다.

住校外费用怎么样？

2 집들이하기

▶ 05-03

张林　这是我的一点儿心意，祝贺你乔迁之喜[4]！
Zhè shì wǒ de yìdiǎnr xīnyì, zhùhè nǐ qiáoqiānzhīxǐ!

朴民秀　好漂亮的花啊！让你破费了，谢谢你。
Hǎo piàoliang de huā a! Ràng nǐ pòfèi le, xièxie nǐ.

张林　不客气。你家真漂亮。
Bú kèqi.　Nǐ jiā zhēn piàoliang.

> ④ 乔迁之喜는 좋은 곳으로 이사를 했거나 또는 승진했을 때 그 기쁨을 축하한다는 뜻으로 사용하는 말이다.

朴民秀　还说得过去吧[5]。
Hái shuō de guòqu ba.

> ⑤ 还说得过去吧는 还可以와 비슷한 말로, '대체로 말이 되다, 그런대로 봐줄만 하다'는 의미이다.

有那么一点儿家的感觉，所以我也很喜欢。
Yǒu nàme yìdiǎnr jiā de gǎnjué, suǒyǐ wǒ yě hěn xǐhuan.

张林　那就行了。你有没有什么不方便的？
Nà jiù xíng le.　Nǐ yǒu méiyǒu shénme bù fāngbiàn de?

朴民秀　超市啊、理发店啊、干洗店什么的都在我家
Chāoshì a、lǐfàdiàn a、gānxǐdiàn shénmede dōu zài wǒ jiā

周围，没什么不方便的。
zhōuwéi, méi shénme bù fāngbiàn de.

问一下

张林买什么礼物了？ / 民秀感觉住在这里方便不方便？

독해

3 새로 이사한 민수의 집과 생활 계획

05-04

民秀原来一直住在学校的留学生宿舍里，最近他在
Mínxiù yuánlái yìzhí zhù zài xuéxiào de liúxuéshēng sùshè li, zuìjìn tā zài

校外租到了一套房子。虽然房租比住宿舍贵了一点儿，
xiào wài zūdàole yí tào fángzi. Suīrán fángzū bǐ zhù sùshè guìle yìdiǎnr,

但由于他是和一个中国朋友合租的，而且在家做晚饭，
dàn yóuyú tā shì hé yí ge Zhōngguó péngyou hézū de, érqiě zài jiā zuò wǎnfàn,

所以生活费跟住宿舍差不多。民秀家离学校很近，附近
suǒyǐ shēnghuó fèi gēn zhù sùshè chàbuduō. Mínxiù jiā lí xuéxiào hěn jìn, fùjìn

还有超市、理发店、干洗店等便利设施。
hái yǒu chāoshì、lǐfàdiàn、gānxǐdiàn děng biànlì shèshī.

问一下

最近民秀租的房子费用怎么样?

1 另

부사로 쓰이는 경우, 동사 앞에 쓰이며, '따로, 별도로'의 의미를 지닌다.

这个菜不好吃，我们另点一个吧。
Zhège cài bù hǎochī, wǒmen lìng diǎn yí ge ba.

A: 这个办法怎么样?
Zhège bànfǎ zěnmeyàng?

B: 这个办法不行，我们得另想一个办法。
Zhège bànfǎ bùxíng, wǒmen děi lìng xiǎng yí ge bànfǎ.

대사로 쓰이는 경우, 말하는 범위 외의 사람이나 사물을 가리키며, '다른 것'이나 '다른 사람'을 의미한다. 명사 앞에 쓰일 때는 보통 수량구가 필요하다.

我有两个哥哥，一个是警察，另一个是医生。
Wǒ yǒu liǎng ge gēge, yí ge shì jǐngchá, lìng yí ge shì yīshēng.

A: 我来的时候为什么没看见你?
Wǒ lái de shíhou wèishénme méi kànjiàn nǐ?

B: 我走了另一条路。
Wǒ zǒule lìng yì tiáo lù.

확인문제

❶ 다음 괄호 안의 단어와 另을 이용하여 문장을 완성하세요.

① 这杯是放了糖的咖啡，______________。(没放糖)
이건 설탕을 넣은 커피이고, 다른 것은 설탕을 넣지 않은 것이다.

② 他不会听你的话的，他自己______________。(有想法)
그는 네 말을 듣지 않을 거야. 그는 따로 생각이 있어.

❷ 다음 문장에서 틀린 부분을 찾아 바르게 고치세요.

① 我买了两支笔，一支给了弟弟，另支给了妹妹。

→ ______________________________

② 这个计划不成功的话，我们另还有计划。

→ ______________________________

2 比 비교문(2)

比 비교문의 일종으로, 뒤에 多了와 호응하여, 비교하는 두 대상간의 차이가 큼을 나타낸다.

	비교대상	형용사		
比	首尔	凉快	多了	。
Bǐ	Shǒu'ěr	liángkuai	duō le.	
~보다	서울	시원하다	더	

他的房间比我的大多了。
Tā de fángjiān bǐ wǒ de dà duō le.

妹妹比我高多了。
Mèimei bǐ wǒ gāo duō le.

확인문제

❶ 괄호 안의 단어와 多了를 이용하여 문장을 완성하세요.

① 吃了药以后，我的身体比昨天________。(好)
약을 먹고 난 후, 내 몸은 어제보다 많이 좋아졌다.

② 叫外卖比自己做饭________。(方便) 시켜 먹는 것이 직접 해먹는 밥보다 더 편리하다.

③ 弟弟看过的书比我看过的________。(多) 동생이 본 책은 내가 본 것보다 훨씬 많다.

● 다음 문장에서 틀린 부분을 찾아 바르게 고치세요.

① 哥哥的围巾比我的多长了。 → ________________

② 姐姐画的画儿比我画的漂亮很多。 → ________________

③ 我现在比以前跑得多快了。 → ________________

어법

3 조사 啊

啊는 열거하는 대상 뒤에 각각 쓰이고, 열거 대상은 둘 이상이다.

羽毛球啊、网球啊、壁球啊，他都打得很好。
Yǔmáoqiú a、wǎngqiú a、bìqiú a, tā dōu dǎ de hěn hǎo.

A: 北京啊、上海啊、广州啊，那些大城市我都去过。
Běijīng a、Shànghǎi a、Guǎngzhōu a, nà xiē dà chéngshì wǒ dōu qùguo.

B: 你真行！我只去过北京一个地方。
Nǐ zhēn xíng! Wǒ zhǐ qùguo Běijīng yí ge dìfang.

啊는 그 앞에 오는 글자의 음에 따라 呀, 哪, 哇 등으로 바뀌 쓰기도 한다.

书啊、笔啊、词典哪、书包哇，都得买。
Shū a、bǐ a、cídiǎn na、shūbāo wa, dōu děi mǎi.

확인문제

문맥에 맞게 다음 대화를 완성하세요.

① A: 听说你经常去国外旅行。

B: 是啊。中国啊、美国啊、英国啊，__________。

② A: 你找到你的钱包了吗？

B: 还没。书包里啊、桌子下面啊、床底下啊，__________。

③ A: 我怎么跟你联系呢？

B: 打电话啊、发邮件啊、网上聊天啊，__________。

표현 확장 연습

05-05

1 这个想法不太好，另想别的吧。

菜不好吃　　点别
颜色太深了　　选浅
帽子太小了　　买更大

응용 연습

A 这个房子怎么样？
B 太小了！另找别的吧。

2 每个月的费用是不是比住校内高多了？

一个月的收入　　原来
物价　　东京
电话费　　用智能手机

응용 연습

A 每个月的费用是不是比住校内高多了？
B 更便宜。

3 超市啊、理发店啊，都在周围。

护照　　机票　　在桌子上
笔　　词典　　在书包里
水费　　电费　　付好了

응용 연습

A 重要的东西一定要放好。
B 爸爸你放心吧，护照啊、机票啊，都在妈妈那里。

연습

1 녹음을 듣고 관련 있는 사진을 고르세요. 05-06

A 

B 

C 

D 

① ② ③  ④ 

2 녹음을 듣고 주어진 문장과 일치하면 √를, 일치하지 않으면 ×를 표시하세요. 05-07

① 我的房间更大。 

② 妹妹比我矮。 

③ 我的身体还不好。

④ 那儿的天气更凉快。

3 녹음을 듣고 알맞은 대답을 고르세요. 05-08

①	A 感冒了	B 头疼了	C 一直忙着
②	A 北京	B 大连	C 广州
③	A 好吃	B 还可以	C 不好吃
④	A 橡皮	B 书	C 笔

4 다음 주어진 문장과 관련 있는 문장을 고르세요.

A 这个办法不行。　　B 比首尔凉快多了。
C 我走了另一条路。　　D 超市啊、理发店啊，都有。

① 那儿的天气怎么样？ [ ]

② 我来的时候没看见你。 [ ]

③ 有什么便利设施？ [ ]

④ 另想别的办法。 [ ]

5 다음 빈칸에 들어갈 알맞은 단어를 고르세요.

보기

A 比　B 啊　C 另

① 一个月的房租是五千块钱，________ 交一个月的押金。

② 羽毛球 ________ 、网球啊，他都打得很好。

③ 房租 ________ 住宿舍贵了一点儿。

④ 附近有超市啊、理发店 ________ 、干洗店等便利设施。

연습

6 다음 질문에 알맞은 답을 고르세요.

① 民秀在学校附近找到了房子。一个月的房租是五千块钱，另交一个月的押金。他已经付好了。

★ 他没付什么费用?

A 房租　　B 电费　　C 押金

② 我和室友打算晚饭自己做，早饭、午饭在学校吃。

★ 我们打算晚饭怎么吃?

A 在食堂吃　　B 在学校吃　　C 自己做

③ 民秀家附近有超市啊、理发店啊、干洗店什么的。

★ 民秀家附近没有什么?

A 理发店　　B 干洗店　　C 饭馆

7 본문 회화를 참고하여 친구에게 도움을 요청하는 대화를 해 보세요.

① 买到早餐

② 找到你家的小狗

③ 买到英文唱片

④ 学会中国歌

참고대화

A: 你租到合适的房子了吗?

B: 租到了。/ 还没有呢。

A: 有没有需要我帮忙的?

B: 我想请你帮我找一个室友。

학교 밖 아파트 생활

유학생의 경우 학교 밖의 아파트에서 세를 얻어 살기도 한다. 중국에서는 아파트 단지를 보통 소구라고 하는데, 우리와 마찬가지로 아파트 단지 내에 슈퍼마켓, 미용실, 헬스장, 세탁소, 식당 등 여러 가지 부대시설이 갖추어져 있다.

중국인들은 아침식사를 간단하게 밖에서 사서 먹는 경우가 많아서 아침이 되면 유탸오, 더우장, 저우, 훈둔, 더우푸나오 등 음식을 파는 사람, 먹는 사람 등으로 북적댄다.
그리고 세탁소에서 물세탁, 드라이클리닝, 수선 등을 해주는 것은 우리와 별반 차이가 없으나, 세탁물을 직접 맡기거나 찾아가야 한다는 점에서는, 직접 수거하고 가져다 주는 우리의 세탁소 모습과는 다르다. 뿐만 아니라 옷을 맡기고 조금 빨리 찾으려면, 돈을 더 내야 한다는 점도 우리와 다르다.

슈퍼마켓에서는 예전과는 달리 물건을 많이(일반적으로 100元 이상) 사면 배달도 해주는데, 이는 상주 한국인이 많아지면서 생겨난 현상이다. 그리고 아침이면 새벽 장이 서는 곳도 많은데, 야채도 신선하고 저렴하여 많이 이용하는 편이다.

대부분의 중국사람은 아침 일찍 단지 내 공원이나 길가에서 운동을 하는데, 조깅, 기공, 제기차기, 배드민턴 등 운동종목도 다양하다.

아파트 단지	小区 xiǎoqū	더우푸나오(중국식 순두부)	豆腐脑儿 dòufunǎor
유탸오 (밀가루반죽을 발효시켜 소금으로 간을 한 후 모양을 길게 하여 기름에 튀긴 식품. 주로 아침밥 대용으로 먹음)	油条 yóutiáo	물세탁	水洗 shuǐxǐ
더우장(콩 우유)	豆浆 dòujiāng	드라이클리닝 하다	干洗 gānxǐ
저우(죽)	粥 zhōu	수선하다	缝补 féngbǔ
훈둔 (만두의 일종으로 얇은 밀가루 피에 고기 소를 넣고 아주 작게 싸서 끓여서 먹는 음식)	馄饨 húndùn	배달하다	送货 sòng huò
		아침 시장, 새벽 장	早市 zǎoshì

06

复习 1~5 课

복습 1~5과

학습 목표

① 1 ~ 5과에서 배운 필수 단어와 회화 표현을 확인하고 복습한다.

필수 단어

① 학교

▶ 06-01

- 选课 xuǎnkè 수강 신청하다
- 专业课 zhuānyè kè 전공 수업
- 必修课 bìxiū kè 필수 과목
- 选修课 xuǎnxiū kè 선택 과목
- 学分 xuéfēn 학점
- 教养课 jiàoyǎng kè 교양 수업
- 院系 yuàn xì 단과대학의 학과

② 은행

▶ 06-02

- 帐户 zhànghù 계좌
- 定期 dìngqī 정기 예금의
- 活期 huóqī 보통 예금의
- 手续费 shǒuxù fèi 수수료
- 开户 kāihù 계좌를 개설하다
- 身份证 shēnfènzhèng 신분증
- 存折 cúnzhé 통장
- 银行卡 yínhángkǎ 입출금 카드
- 汇率 huìlǜ 환율
- 转账 zhuǎnzhàng (계좌를) 이체하다
- 信用卡 xìnyòngkǎ 신용카드

③ 이사

06-03

房间 fángjiān 방

宿舍 sùshè 기숙사

卫生间 wèishēngjiān 화장실

寝室 qǐnshì 침실

单人间 dānrénjiān 1인실

双人间 shuāngrénjiān 2인실

客厅 kètīng 거실

厨房 chúfáng 주방

浴室 yùshì 욕실

房租 fángzū 집세

押金 yājīn 보증금

④ 동사 & 형용사

06-04

让 ràng ~하게 하다

看来 kànlái 보아하니

推荐 tuījiàn 추천하다

建议 jiànyì 건의하다

觉得 juéde 생각하다

请 qǐng 부탁하다

放心 fàngxīn 안심하다

有意思 yǒuyìsi 재미있다

相信 xiāngxìn 신뢰하다

帮忙 bāngmáng 돕다

答应 dāying 대답하다

合适 héshì 적합하다

拜托 bàituō 부탁하다

商量 shāngliang 상의하다

估计 gūjì 예측하다

差不多 chàbuduō 비슷하다

필수 회화

① 수강 신청하기

▶ 06-05

A 这学期你选了几门专业课?

B 我选了六门。你的课选得怎么样了?

A 还差两个学分。什么比较热门，推荐一下。

B 选韩国文化方面的吧。

② 계좌 개설하기

▶ 06-06

A 我想开一个帐户。

B 您得填一张开户申请书。

A 我填好了。

B 好的，请您把身份证给我。

③ 태극권 배우기

▶ 06-07

A 听说你会打太极拳。

B 是啊。不仅会打，而且很厉害。

A 我想请你教我太极拳，可以吗?

B 没问题。

4 룸메이트 구하기

06-08

A 我打算这个周末搬家。帮我找一个室友吧。

B 行，包在我身上。你找到合适的房子了吗?

A 找到了。那就麻烦你了。

B 朋友间这么客气干吗?

5 외부 거주 비용 묻기

06-09

A 听说你找到房子了，房租一定很贵吧?

B 住宿费呢，我和室友商量好各交一半，所以更便宜。

A 那就行了。你有没有什么不方便的?

B 房子附近有便利设施，所以没什么不方便的。

단어 익히기

1 다음 빈칸에 알맞은 단어를 써서 퍼즐을 완성하세요.

①

		汉					
		语					
		你					
		听					
	你		在	家	复	习	。
		懂					
你	干		问	我	?		
		?					

②

			这		
			个		
他			菜		
	要	别		吗	?
是			确		
大			好		
学			吃		
生			。		
。					

2 다음 중국어와 한국어의 뜻을 알맞게 연결하세요.

① 帮忙 •	• 부탁하다
② 放心 •	• 돕다
③ 拜托 •	• 안심하다

3 게임해 보세요.

게임방법
- 배운 단어를 적어 넣고 중국어로 말합니다. (필수 단어 참조)
- 불려진 단어를 하나씩 체크하여 먼저 세 줄을 연결하면 "빙고"를 외칩니다.

회화 익히기

1 다음 주어진 그림과 제시어를 참고하여 대화를 만들어 보세요.

① 수강 신청하기

제시어

头疼 / 差 / 韩国文化 / 好主意

첫 문장

A 你的课选得怎么样了?

② 계좌 개설하기

제시어

得 / 填 / 开户申请书 / 还 / 身份证

첫 문장

A 我想在银行开一个账户。需要什么?

③ 좋아하는 드라마 보기

제시어

中国电视剧 / 中文台词 / 听得懂 / 要是……就好了

첫 문장

A 你在看什么电视剧呢?

④ 이사 계획하기

제시어

需要 / 尽管 / 麻烦 / 干吗

첫 문장

A 我打算这个周末搬家。

⑤ 학교 밖 아파트에서 생활하기

제시어

一个月 / 另 / 押金 / 便利设施 / 没什么

첫 문장

A 听说你找到房子了，房租一定很贵吧?

쓰기 연습하기

1 다음 문장을 읽고 우리말을 중국어로 바꾸어 보세요.

민수와 장린은 수강신청을 한다. 장린은 민수에게 ① ______ 을 신청했냐고 물어보고,
몇 과목

또 어떤 과목이 ② ____ 도 물어본다.
인기가 있는지

학교 수업이 끝나고, 민수는 은행에 ③ ____ 를 개설하러 갔다.
계좌

④ __________ 를 작성하고 신분증과 함께 직원에게 주니,
계좌 개설 신청서

직원이 친절하게 ⑤ ____ 을 만들어주었다.
통장

기숙사에 돌아온 민수는 저녁을 먹고 밖으로 나갔다.

학교 운동장에는 사람들로 가득했다.

⑥ ______ 을 가르쳐주는 사람이 있어서, 함께 운동을 하며 취미를 물어보았는데,
태극권

⑦ __________ 를 보는 것이 취미라고 한다.
한국 드라마

민수는 중국에서 방영되는 한국 드라마 몇 가지를 소개해 주었다.

⑧ ____ 에 돌아온 민수는, 장린과 주말에 ⑨ ____ 를 하는 일과
기숙사 이사

⑩ ____ 를 찾는 일에 대해 이야기를 나눈다.
룸메이트

07

明天我们去逛街吧!

내일 우리 거리 구경하러 가자!

학습 목표

1. 친구와 버스를 타고 시내에서 거리를 구경하는 내용과 관련된 표현을 익힌다.
2. 방향보어에 대해 배운다.

기본 표현

1. 你明天有空吗?
2. 我正想找机会逛逛去。

단어

07-01

逛 guàng 동 거닐다, 놀다

中央大街 Zhōngyāng Dàjiē 고유 중앙대가[거리명]

正 zhèng 부 마침, 바로, 꼭

机会 jīhuì 명 기회

哈尔滨 Hā'ěrbīn 고유 하얼빈[지명]

洋味儿 yángwèir 명 서구풍

异国情调 yìguó qíngdiào 명 이국 정서

好好 hǎohāo 부 잘, 제대로

不见不散 bújiàn búsàn 만나지 않으면 헤어지지 않다

索菲亚教堂 Suǒfēiyà jiàotáng 고유 소피아 성당[건물명]

雄伟 xióngwěi 형 웅장하다

壮观 zhuàngguān 형 장관이다

欧洲 Ōuzhōu 고유 유럽

建筑 jiànzhù 동 건축하다, 세우다

冰淇淋 bīngqílín 명 아이스크림

别具特色 bié jù tèsè 다른 특색을 갖추다

新奇 xīnqí 형 신기하다

俄罗斯 Éluósī 고유 러시아[나라명]

松花江 Sōnghuā Jiāng 고유 숭화장[강 이름, 송화강]

太阳岛 Tàiyáng Dǎo 고유 타이양다오[지명, 태양도, 숭화장 위에 있는 섬)

郊游 jiāoyóu 교외로 소풍 가다

秀美 xiùměi 형 수려하다, 아름답다

避暑胜地 bìshǔ shèngdì 피서지로 유명한 곳

帐篷 zhàngpeng 명 텐트

别墅 biéshù 명 별장

회화

1 약속 잡기

07-02

朴民秀 你明天有空[1]吗?
Nǐ míngtiān yǒu kòng ma?

[1] 有空은 '틈이 있다, 시간이 있다'는 의미로, 구어체에서 많이 사용한다.

张林 我明天上午有课，下午没什么事儿。
Wǒ míngtiān shàngwǔ yǒu kè, xiàwǔ méi shénme shìr.

朴民秀 那么，明天咱们一起去中央大街玩儿吧。
Nàme, míngtiān zánmen yìqǐ qù Zhōngyāng Dàjiē wánr ba.

张林 好呀，我正想找机会逛逛去。
Hǎo ya, wǒ zhèng xiǎng zhǎo jīhuì guàngguang qù.

朴民秀 那里被称为哈尔滨最有“洋味儿”的街道，
Nàli bèi chēngwéi Hā'ěrbīn zuì yǒu 'yángwèir' de jiēdào,

真的很有异国情调。
zhēn de hěn yǒu yìguó qíngdiào.

张林 百闻不如一见[2]，明天一定要好好逛逛去。
Bǎiwén bùrú yíjiàn, míngtiān yídìng yào hǎohāo guàngguang qù.

[2] 百闻不如一见은 '백문이 불여일견이다'라는 의미의 속담으로, '백 번 듣는 것보다 한 번 보는 것이 더 낫다'라는 뜻이다.

朴民秀 好的，不见不散。
Hǎode, bújiàn búsàn.

问一下

民秀明天打算去哪儿?

회화

2 거리 구경하기

07-03

张林　这就是索菲亚教堂。
Zhè jiù shì Suǒfēiyà jiàotáng.

朴民秀　真雄伟壮观啊，很像欧洲的建筑。
Zhēn xióngwěi zhuàngguān a, hěn xiàng Ōuzhōu de jiànzhù.

张林　我们进去吃马迭尔[3]冰淇淋吧。
Wǒmen jìnqu chī mǎdié'ěr bīngqílín ba.
那儿还有别具特色的挂浆冰淇淋[4]。
Nàr hái yǒu bié jù tèsè de guàjiāng bīngqílín.

[3] 马迭尔은 하얼빈 중앙대가에 위치한 100년도 넘은 유명한 호텔 이름이다.

[4] 挂浆冰淇淋은 马迭尔과 함께 100년 역사를 갖는, 설탕을 입힌 아이스크림을 가리킨다.

朴民秀　真新奇，一定要尝尝。我请你吧。
Zhēn xīnqí, yídìng yào chángchang. Wǒ qǐng nǐ ba.

张林　这条街上有很多俄罗斯商店，而且附近还有
Zhè tiáo jiēshang yǒu hěn duō Éluósī shāngdiàn, érqiě fùjìn hái yǒu
松花江。我们可以坐船去太阳岛。
Sōnghuā Jiāng. Wǒmen kěyǐ zuò chuán qù Tàiyáng Dǎo.

朴民秀　那，下次我们去太阳岛郊游吧。
Nà, xià cì wǒmen qù Tàiyáng Dǎo jiāoyóu ba.

问一下

他们下次打算去哪儿?

독해

3 중국의 타이양다오

07-04

太阳岛位于松花江边，四面都是水，景色非常
Tàiyáng Dǎo wèiyú Sōnghuā Jiāngbiān, sìmiàn dōu shì shuǐ, jǐngsè fēicháng

秀美，是人们最喜欢的避暑胜地。当夏季来临的时候[5]，
xiùměi, shì rénmen zuì xǐhuan de bìshǔ shèngdì. Dāng xiàjì láilín de shíhou,

岛上帐篷、阳伞连绵不绝，江中挤满了游泳的人。
dǎoshang zhàngpeng、yángsǎn liánmiánbùjué, jiāng zhōng jǐmǎnle yóuyǒng de rén.

太阳岛上种着20多万棵树，有丁香园、玫瑰园，
Tàiyáng Dǎoshang zhòngzhe èrshí duō wàn kē shù, yǒu dīngxiāng yuán、méiguī yuán,

还有别墅、疗养院、商店、餐馆等等，是哈尔滨最大的
hái yǒu biéshù, liáoyǎngyuàn、shāngdiàn、cānguǎn děngděng, shì Hā'ěrbīn zuì dà de

园林。
yuánlín.

[5] '当……的时候'는 '~할 때, ~일 때'의 의미로, 어떤 행위나 동작이 일어난 때를 가리킨다.

问一下

太阳岛当夏季来临的时候怎么样？

어법

1 동사중첩(2)

동사중첩은 동작의 상황에 따라 AA, AAB, AABB, ABAB의 형태로 써준다.

아직 발생하지 않은 동작에서, 단음절 동사를 중첩할 때는 단어 사이에 一를 넣어도 된다. 이음절 동사를 중첩할 때는 단어 사이에 一를 넣을 수 없다.

尝尝	尝一尝	谈谈	谈一谈	复习复习
chángchang	cháng yi cháng	tántan	tán yi tán	fùxi fùxi

이미 발생한 동작에서, 동태조사 了는 두 동사 사이에 넣어준다.

尝了尝	复习了复习
chángle cháng	fùxile fùxi

목적어가 있을 경우에는, 동사만 중첩한다.

我擦擦书架。	你扫扫地。
wǒ cāca shūjià.	nǐ sǎosao dì.

▪ 동사중첩의 의미

이미 발생한 동작에서는, 행위가 이루어진 시간이 짧음을 나타낸다.

我看了看就走了。
Wǒ kànle kàn jiù zǒu le.

아직 발생하지 않은 동작에서는, 시험 삼아 해봄을 나타낸다.

这个菜怎么样，尝一尝就知道了。
Zhège cài zěnmeyàng, cháng yi cháng jiù zhīdao le.

늘 발생하는 동작을 나타내며, 轻松, 随便의 의미를 지닌다. 이 경우에는 단음절 동사의 중첩이라도 단어 사이에 一를 넣지 않는다.

他每天都会在校园里散散步。

Tā měi tiān dōu huì zài xiàoyuán li sànsan bù.

확인문제

❶ 괄호 안의 동사를 중첩하여 문장을 완성하세요.

① 我来________这个地方。(介绍)

② 我想________这首歌。(听)

③ 昨天他________脸就睡觉了。(洗)

❷ 다음 문장에서 틀린 부분을 찾아 바르게 고치세요.

① 他想想了说:“还是你去吧!” → ________________

② 我们研究一研究。 → ________________

③ 我们聊天聊天吧。 → ________________

어법

2 방향보어(1)

술어 뒤에 놓여, 동작의 방향이나 추세를 보충 설명하는 성분이다. 간단방향보어와 복합방향보어로 구분한다.

- 간단방향보어

술어 + 来, 去, 上, 下, 进, 出, 回, 过, 起

- 복합방향보어

술어 + 上来, 上去, 下来, 下去, 进来, 进去, 出来, 出去, 回来, 回去, 过来, 过去, 起来

(1) 방향보어와 목적어

- 간단방향보어와 목적어의 위치

장소를 나타내는 목적어는 来나 去 앞에 온다.

她上楼来了。
Tā shàng lóu lái le.

목적어가 추상명사인 경우, 来나 去 뒤에 온다.

他的要求给我带来了困难。
Tā de yāoqiú gěi wǒ dàiláile kùnnán.

목적어가 일반명사인 경우, 来나 去 앞뒤에 모두 올 수 있다. 단, 뒤에 놓인 경우는 대부분 과거를 나타낸다.

我要给姐姐寄一套明信片去。
Wǒ yào gěi jiějie jì yí tào míngxìnpiàn qù.

我给姐姐寄去了一套明信片。
Wo gěi jiějie jìqùle yí tào míngxìnpiàn.

▪ 복합방향보어와 목적어의 위치

장소를 나타내는 목적어는 来나 去 앞에 온다.

王校长走进小礼堂来了。
Wáng xiàozhǎng zǒujìn xiǎolǐtáng lái le.

我的小猫刚才进房间来了。
Wǒ de xiǎomāo gāngcái jìn fángjiān lái le.

목적어가 특정한 대상인 경우 来나 去 앞에 오고, 수량사를 갖는 불특정 대상은 来나 去 뒤에 온다. 일반 명사는 앞뒤에 다 올 수 있다.

过了几天，他想起自己的妈妈来。
Guòle jǐ tiān, tā xiǎngqǐ zìjǐ de māma lái.

人群中跑出来一个人。
Rénqún zhōng pǎo chūlai yí ge rén.

(2) 방향 보어와 了

▪ 간단방향보어의 경우

목적어가 일반명사인 경우, 了는 목적어 앞에 온다.

她买了三公斤梨来。
Tā mǎile sān gōngjīn lí lái.

她买来了三公斤梨。
Tā mǎiláile sān gōngjīn lí.

목적어가 장소인 경우, 동태조사 了는 오지 못하고, 문장 끝에 어기조사 了가 온다.

她来学校了。
Tā lái xuéxiào le.

▪ 복합방향보어의 경우

목적어가 없는 경우, 어기조사 了는 보어 앞이나, 문장 끝에 온다.

他在门口站了一会儿就走了进去。
Tā zài ménkǒu zhànle yíhuìr jiù zǒule jìnqu.

他在门口站了一会儿就走进去了。
Tā zài ménkǒu zhànle yíhuìr jiù zǒu jìnqu le.

어법

동사 뒤에 장소를 나타내는 목적어가 오면, 문장 끝에 어기조사 了가 온다.

同学们走出教室来了。
Tóngxuémen zǒuchū jiàoshì lái le.

목적어가 사물인 경우, 어기조사 了는 보어 뒤, 목적어 앞에 온다.

父亲买回来了一台电视机。
Fùqīn mǎi huílai le yì tái diànshìjī.

확인문제

❶ 빈칸에 들어갈 방향보어를 괄호 안에서 골라 보세요.

① 他们都爬______屋顶扫雪。(上，起，过)　그들은 옥상 위로 올라가 눈을 쓸었다.

② 脱______毛衣坐一会儿吧。(上，下，开)　스웨터는 벗고, 좀 앉아라.

③ 抬______头看这边吧。(上，开，起)　고개를 들고 여기를 봐라.

❷ 다음 주어진 단어를 배열하여 문장을 완성하세요.

① 决心了 / 定 / 我 / 下 / 已经　나는 이미 결심했다.

→ ______________________________

② 下雨 / 也许 / 了 / 会 / 阴下来 / 天　날씨가 흐려졌다. 아마도 비가 올 것 같다.

→ ______________________________

③ 应该 / 下去 / 好好 / 保持 / 传统　전통은 마땅히 잘 지켜나가야 한다.

→ ______________________________

표현 확장 연습

07-05

1

他上楼去了。

回家
旅行
进屋

응용 연습

A 最近怎么没看见张林?
B 她旅行去了。

2

他们两个人走进书店去了。

跑 教室
跳 游泳池
开 停车场

응용 연습

A 你看见张林和民秀了吗?
B 他们两个人走进书店去了。

3

我想尝一尝这个菜。

试一试 这件衣服
用用 这支笔
预习预习 第8课

응용 연습

A 你去图书馆干什么?
B 我想去预习预习第8课。

연습

1 녹음을 듣고 관련 있는 사진을 고르세요. 07-06

A

B

C

D

① ____ ② ____ ③ ____ ④ ____

2 녹음을 듣고 주어진 문장과 일치하면 √를, 일치하지 않으면 ×를 표시하세요. 07-07

① 王校长还在外面。

② 他的要求很难解决。

③ 观众进了剧场里面。

④ 他还没到学校。

3 녹음을 듣고 질문에 알맞은 대답을 고르세요. 07-08

① A 想听听 B 想谈谈 C 想看看

② A 这儿 B 楼下 C 楼上

③ A 书店 B 饭馆儿 C 图书馆

④ A 出去了 B 公园 C 校园里

4 다음 주어진 문장과 관련 있는 문장을 고르세요.

A 我正想找机会逛逛去。　B 我明天有课。
C 她买了三公斤梨来。　D 我没吃过这个菜。

① 你明天有空吗？　　② 我们一起去中央大街吧。

③ 她去市场了。　　④ 你尝一尝吧。

5 다음 빈칸에 들어갈 알맞은 단어를 고르세요.

보기

A 起　B 来　C 上　D 进

① 他走 ________ 小礼堂来了。

② 他的要求给我带 ________ 了困难。

③ 他想 ________ 妈妈来。

④ 她 ________ 楼来了。

연습

6 다음 질문에 알맞은 답을 고르세요.

① 我刚才在中央大街上看见张林和民秀两个人在前面走着呢，这会儿怎么不见了？他们走到哪儿去了？

★ 张林和民秀现在在哪儿？

A 在前面走着　　B 不清楚　　C 和我在一起

② 明天民秀和张林正好没有课，所以他们俩打算去中央大街玩儿，还有看看索菲亚教堂。

★ 明天他们打算先去哪儿？

A 中央大街　　B 索菲亚教堂　　C 哪儿都不去

③ 太阳岛位于松花江边。那里有丁香园、玫瑰园，还有商店、餐馆等等。

★ 太阳岛里没有什么？

A 商店　　B 餐馆　　C 医院

7 본문 회화를 참고하여 친구와 구경하며 나눌 수 있는 대화를 해 보세요.

① 王府井大街 [Wángfǔjǐng Dàjiē, 왕푸징(왕부정) 거리] /
热闹 / 糖葫芦 [tánghúlu, 탕후루(당호로, 중국 전통 과일 꼬치)]

② 城隍庙 [Chénghuángmiào, 성황묘] /
有名 / 小笼包 [xiǎolóngbāo, 샤오롱바오(소롱포, 만두)]

③ 峨眉山 [Éméishān, 어메이샨(아미산)] / 漂亮 / 火锅 [huǒguō, 훠궈(화과)]

참고대화

A: 这儿就是索非亚教堂。
B: 这个教堂真雄伟壮观。
A: 那儿还有别具特色的挂浆冰淇淋。
B: 真新奇，一定要尝尝。我请你吧。

하얼빈 소피아 성당 & 중앙대가

중국어로 '수어페이야'라고 부르는 소피아 성당은 하얼빈 건축예술관이다. 전체 면적은 721㎡이고 건축물 높이는 53.35m에 이르러, 동아시아 지역에서는 최대의 규모를 자랑한다.

1903년 중동철로의 개통을 계기로 제정 러시아의 보병사단이 하얼빈에 들어오게 되었으며, 러시아 정부에서 병사들을 위해 1907년 나무 구조로 된 성당을 건축하였는데, 1923년 9월에부터 9년간 재건축을 시작하여 지금의 우아하고 화려하며 웅장한 아름다움을 갖춘 이 성당이 완성되었다. 1997년 6월에 성당 내부 복원 사업이 이루어졌는데 하얼빈의 역사가 담긴 흑백사진을 전시하였고, 1996년 11월에는 중국 중점문물보호단위로 선정되기도 하였다.

1900년에 완공된 중앙대가는 르네상스 바로크 양식을 본뜬 71개의 아름다운 건물들이 양쪽으로 위치하며, 남쪽의 신양광장부터 북쪽의 방홍기념탑까지 1,450m의 긴 도로 바닥에는 일일이 수작업으로 886만 개의 벽돌을 깔았고, 이는 흘러간 세월이 무색할 만큼 깔끔하게 보존되어 있다. 1900년 완공되었을 때는 중국대가로 불리다가 1925년에 중앙대가로 명칭을 변경했는데, 바로 이 중앙대가 덕분에 하얼빈이 '동양의 파리, 동양의 모스크바'로 불리게 되었다.

〈하얼빈 소피아 성당〉

〈중앙대가〉

08

周末我们逛逛书店吧！

주말에 서점 좀 둘러보자!

학습 목표

① 친구와 함께 서점에 가서 교과서와 전자도서에 관한 대화를 나눈다.

② 점층관계 및 동량사, 접속사 등에 대한 문법사항을 배운다.

기본 표현

① 除了买教材，还要买参考书什么的。

② 看一遍就扔多可惜！

단어

08-01

教材 jiàocái 명 교과서

参考书 cānkǎoshū 명 참고서, 문제집

趁 chèn 개 ~를 틈타, ~를 이용하여

电子图书 diànzǐ túshū 명 전자도서

适合 shìhé 동 적합하다, 알맞다

环境 huánjìng 명 환경, 주위 상황

有趣 yǒuqù 형 재미있다, 흥미 있다

可不是嘛 kě búshì ma 맞아요, 그러게 말이야

练习题 liànxí tí 명 연습 문제

简练 jiǎnliàn 형 간결하다

全面 quánmiàn 형 전면적이다, 전반적이다

杂志 zázhì 명 잡지

扔 rēng 동 버리다, 내버리다

可惜 kěxī 형 아쉽다

影响 yǐngxiǎng 동 영향을 주다

视力 shìlì 명 시력

假期课程 jiàqī kèchéng 명 계절학기 수업

曾 céng 부 (일찍이) ~한 적이 있다

相中 xiāngzhòng 동 주목하다, 마음에 들다

회화

1 약속 잡기

08-02

朴民秀 张林，这个周末咱们去逛逛书店怎么样？
Zhāng Lín, zhège zhōumò zánmen qù guàngguang shūdiàn zěnmeyàng?

张林 你要买教材，是吧？
Nǐ yào mǎi jiàocái, shì ba?

朴民秀 对啊，除了买教材，还要买参考书什么的。
Duì a, chúle mǎi jiàocái, hái yào mǎi cānkǎoshū shénmede.

张林 好吧，那趁这个周末我也去看看新出的书，
Hǎo ba, nà chèn zhège zhōumò wǒ yě qù kànkan xīn chū de shū,

顺便再[1]看看电子图书好了。
shùnbiàn zài kànkan diànzǐ túshū hǎo le.

[1] 再는 부사로 쓰여 '~하고 나서'의 의미를 지니며 한 동작이 끝나고 나서 다른 동작이 이어짐을 나타낸다.

朴民秀 我们去哪家书店呢？
Wǒmen qù nǎ jiā shūdiàn ne?

到图书城还是新华书店？
Dào túshū chéng háishi xīnhuá shūdiàn?

张林 我们就去学校附近的图书城吧，
Wǒmen jiù qù xuéxiào fùjìn de túshū chéng ba,

那里的书比较适合我们看，而且环境也比较好。
nàli de shū bǐjiào shìhé wǒmen kàn, érqiě huánjìng yě bǐjiào hǎo.

张林决定去哪个书店，为什么？

회화

서점에서 책 보기

08-03

张林 这本书的课文内容比较有趣儿！
Zhè běn shū de kèwén nèiróng bǐjiào yǒuqùr!

朴民秀 我看看，可不是嘛[2]，除了会话比较简练以外，
Wǒ kànkan, kě búshì ma, chúle huìhuà bǐjiào jiǎnliàn yǐwài,

练习题也比较全面。
liànxí tí yě bǐjiào quánmiàn.

> [2] 可不是嘛는 상대방의 말에 강하게 동조하거나 긍정할 때 쓰인다.

张林 那你先看着吧，我过去看看电子图书。
Nà nǐ xiān kànzhe ba, wǒ guòqu kànkan diànzǐ túshū.

朴民秀 电子图书比较便宜，是吧?
Diànzǐ túshū bǐjiào piányi, shì ba?

像杂志看一遍就扔多可惜！
Xiàng zázhì kàn yí biàn jiù rēng duō kěxī!

张林 说得对，但是电子图书看多了会影响视力。
Shuō de duì, dànshì diànzǐ túshū kàn duōle huì yǐngxiǎng shìlì.

朴民秀 那你先去，我们一会儿见!
Nà nǐ xiān qù, wǒmen yíhuìr jiàn!

民秀认为电子图书有什么优点?

독해

 민수가 마음에 들어하는 책

08-04

民秀打算听假期课程，于是周末要去书店逛逛。
Mínxiù dǎsuan tīng jiàqī kèchéng, yúshì zhōumò yào qù shūdiàn guàngguang.

张林正好有空，也想去看看电子图书。他们到了学校
Zhāng Lín zhèng hǎo yǒu kòng, yě xiǎng qù kànkan diànzǐ túshū. Tāmen dàole xuéxiào

附近的图书城，因为那里的书比较适合他们看，而且环境
fùjìn de túshū chéng, yīnwèi nàli de shū bǐjiào shìhé tāmen kàn, érqiě huánjìng

也比较好。民秀相中了一本书，会话部分读起来很有意思。
yě bǐjiào hǎo. Mínxiù xiāngzhòngle yì běn shū, huìhuà bùfen dú qǐlai hěn yǒuyìsi.

那本书能帮助他提高汉语水平。
Nà běn shū néng bāngzhù tā tígāo Hànyǔ shuǐpíng.

问一下

民秀为什么相中了那本书？

어법

1 除了……还……

'~외에 또 ~하다'의 의미로, '除了……以外, 也……'로도 쓰인다. 앞 절에서 말한 것 외에 추가적인 것이 더 있음을 나타낸다.

除了我以外, 几位留学生也去了。
Chúle wǒ yǐwài, jǐ wèi liúxuéshēng yě qù le.

'~외에는'의 의미로, 都와 함께 쓰인다. 이 때는 除了 뒤의 대상을 제외하고 나머지는 모두 포함됨을 의미한다. 즉 除了 뒤의 대상만 제외됨을 나타낸다.

除了鸡蛋, 其他的全都买了。
Chúle jīdàn, qítā de quán dōu mǎi le.

'이것 아니면 저것'이라는 의미로, 就是와 함께 쓰이며 두 가지 중 하나는 해당함을 나타낸다.

这家食堂除了面条就是馒头, 太难吃了。
Zhè jiā shítáng chúle miàntiáo jiùshì mántou, tài nánchī le.

확인문제

다음 문장을 추가 또는 배제문으로 바꾸어 보세요.

① 她买了一条裙子、两条裤子、几顶帽子。 그녀는 치마 외에, 바지 두 개와 모자 몇 개도 샀다.

→ ____________________

② 我就去过北京, 没去过别的地方。 나는 베이징 외에, 다른 지역에는 못 가봤다.

→ ____________________

③ 张林星期六来帮忙。周一到周五不能来帮忙。
장린은 토요일 외에, 월요일부터 금요일까지는 도와주러 오지 못한다.

→ ____________________

2 遍

遍은 하나의 과정을 나타내는 동작에 쓰이는 양사로, 처음부터 끝까지를 강조할 때 사용한다. 동사나 목적어 모두 처음부터 끝까지 완성할 수 있는 동작이나 사물이어야 한다.

我们要翻译的是这本书，请你先看一遍。
Wǒmen yào fānyì de shì zhè běn shū, qǐng nǐ xiān kàn yí biàn.

这部电影真不错，我都看了好几遍了。
Zhè bù diànyǐng zhēn búcuò, wǒ dōu kànle hǎo jǐ biàn le.

A: 今天老师留的作业是什么？
Jīntiān lǎoshī liú de zuòyè shì shénme?

B: 是把课文抄写两遍。
Shì bǎ kèwén chāoxiě liǎng biàn.

확인문제

❶ **빈칸에 알맞은 수량구를 넣어 문장을 완성하세요.**

① 妈妈，你给哥哥从头到尾______吧。 엄마, 형에게 처음부터 끝까지 한 번 말해주세요.

② 张林，你先把课文录音______，好吗？ 장린 너는 먼저 교재 녹음을 한 번 들어라, 알았지?

③ 我都说了______了，可是他还是不听。 나는 몇 번을 말했지만, 그는 여전히 듣지 않는다.

❷ **다음 문장에서 틀린 부분을 찾아 바르게 고치세요.**

① 我很喜欢这本书，已经两遍看了。 → ______

② 我好几遍说了，你为什么还不明白？ → ______

③ 请把这本书读。 → ______

3 于是

'그래서, 그리하여'의 의미로, 뒤 절의 맨 앞에 놓이거나 주어 뒤에 올 수 있다.

大家都鼓励我，于是我又恢复了信心。
Dàjiā dōu gǔlì wǒ, yúshì wǒ yòu huīfùle xìnxīn.

他叫我们回去，加上天已经黑了，于是我们只好回家。
Tā jiào wǒmen huíqu, jiāshang tiān yǐjing hēi le, yúshì wǒmen zhǐhǎo huíjiā.

过了30分钟，可是老师还没来，于是我们只好给老师打电话。
Guòle sānshí fēnzhōng, kěshì lǎoshī hái méi lái, yúshì wǒmen zhǐhǎo gěi lǎoshī dǎ diànhuà.

확인문제

다음 괄호에서 于是의 위치를 찾으세요.

① 我晚上去找他，他（ A ）又不在，（ B ）我给他（ C ）留了一张便条。

② 到了约定的时间（ A ）他还没到，（ B ）我给他打电话他也不接，（ C ）我就回家了。

③ 听说那家饭店的菜非常好吃，（ A ）上个周末，（ B ）我和朋友一起去了那家饭店。（ C ）但是人太多了，我们排队等了很长时间。

起来

어떤 새로운 상태에 진입함을 나타낸다. 동사 뒤에 쓰이면 어떤 동작이 시작되었음(정태에서 동태로)을, 형용사 뒤에 쓰이면 새로운 상태가 시작되었음을 나타낸다.

天阴了，下起雨来了。
Tiān yīn le, xià qǐ yǔ lai le.

听他说完，大家都笑了起来。
Tīng tā shuōwán, dàjiā dōu xiàole qǐlai.

你不是不饿吗？为什么现在又吃起来了？
Nǐ bú shì bú è ma? Wèishénme xiànzài yòu chī qǐlai le?

你不是没时间吗？为什么又聊起来了？
Nǐ bú shì méi shíjiān ma? Wèishénme yòu liáo qǐlai le?

확인문제

❶ 다음 문장에서 틀린 부분을 찾아 바르게 고치세요.

① 琴声一响，孩子们就唱了下来。 → ____________________

② 每到这个时候，我就想起来他的名字。 → ____________________

③ 我们的生活一天比一天好起来。 → ____________________

❶ 다음 주어진 단어를 배열하여 문장을 완성하세요.

① 请 / 把 / 你 / 饼干 / 这些 / 包 / 起来　이 과자들 좀 싸 가지고 가세요.

→ ____

② 他 / 好像 / 想起来了 / 的 / 事情 / 以前　그는 예전의 일을 기억해 낸 것 같다.

→ ____

③ 他 / 这两天 / 咳嗽 / 又 / 起来　요 며칠 그는 또 기침하기 시작했다.

→ ____

표현 확장 연습

08-05

1

这里除了有书，还有电脑，尽管用吧。

菜	米饭	吃
白酒	葡萄酒	喝
围巾	钱包	选

응용 연습

A 除了看电影还要喝茶，你几点能回家？

B 今天过生日嘛，破个例吧！

2

这本小说我读了一遍。

这首歌	唱
这部电影	看
这件事	说

응용 연습

A 你看过这本小说吗？

B 我已经看了好几遍了。

3

说起来，还是觉得有些伤心。

闹	没完没了
读	很有意思
做	有些困难

응용 연습

A 这条围巾你要试一下吗？

B 看起来很好看嘛，我试一下。

연습

1 녹음을 듣고 관련 있는 사진을 고르세요. ▶ 08-06

A　B　C　D

① ☐　② ☐　③ ☐　④ ☐

2 녹음을 듣고 주어진 문장과 일치하면 √를, 일치하지 않으면 ×를 표시하세요. ▶ 08-07

① 我很喜欢看这部电影。 ☐　② 只有我一个人去了。 ☐

③ 我们回家了。 ☐　④ 民秀吃饱了，不想吃。 ☐

3 녹음을 듣고 알맞은 대답을 고르세요. ▶ 08-08

	A	B	C
①	A 鸡蛋	B 肉	C 水果
②	A 两遍	B 一遍	C 好几遍
③	A 去过	B 没去过	C 不想去
④	A 面条好吃，馒头不好吃	B 面条和馒头都好吃	C 面条和馒头都不好吃

4 다음 주어진 문장과 관련 있는 문장을 고르세요.

A 我要买教材。　B 我饿死了。
C 这部电影我已经看了两遍了。　D 我们去图书城吧。

① 我们去哪家书店呢？ ☐　② 今天咱们去逛逛书店吧。 ☐

③ 你为什么又吃起来了？ ☐　④ 咱们去电影院吧。 ☐

연습

5 다음 빈칸에 들어갈 알맞은 단어를 고르세요.

보기

A 于是　B 起来　C 一遍　D 除了

① 他 ________ 看书就是去上课。

② 我把这本书看了 ________ 。

③ 民秀打算听假期课程， ________ 周末要去书店买教材。

④ 会话部分读 ________ 很有意思。

6 다음 질문에 알맞은 답을 고르세요.

① 民秀除了想买教材，还要买参考书。张林想买新出的书。所以他们打算这个周末去书店逛逛。

★ 张林想买什么书？

A 参考书　B 教材　C 新出的书

② 电子图书比较便宜，但是看多了会影响视力。所以不要多看。

★ 电子图书的缺点是？

A 只能看一遍　B 影响视力　C 便宜

③ 民秀相中了这本书。因为这本书的会话部分很有意思，而且练习题也比较全面。

★ 民秀为什么喜欢这本书？

A 很有意思　B 练习题很难　C 价格便宜

7 본문 회화를 참고하여 친구에게 도움을 요청하는 대화를 해 보세요.

① 超市 / 买水果 / 买蔬菜

② 百货商店 / 买运动鞋 / 买T恤衫

③ 公园 / 运动运动 / 呼吸新鲜空气

④ 博物馆 / 看照片展 / 看书法展

참고대화

A: 今天咱们去逛逛书店，怎么样？

B: 你要买教材，是吧？

A: 对啊，除了买教材，还要买参考书什么的。

B: 好吧，那趁这个周末我也去看看新出的书，顺便再看看电子图书好了。

중국의 인터넷 서점

중국의 인터넷 서점은 한국의 인터넷 서점과 달리 대금상환인도, 즉, 책을 받고 책 값을 지불할 수 있다. 중국 인터넷 서점의 배달 방식에는 대표적으로 다음 세 가지가 있으며, 배달방식은 구매자가 선택할 수 있다.

- EMS
  우체국을 통한 택배로, 20元 이상이며 가장 비싸다.
- 보통 택배
  5元이지만, 일정금액 이상을 사면 한국처럼 무료로 배송해준다. 또한 배송 시간은 월요일에서 금요일, 주말 및 공휴일, 시간제한 없음 등으로 각각 구분할 수 있다.
- 스스로 가져오기
  일정한 장소로 구매자가 직접 찾아가서 가져오는 것이며, 물론 배송료는 없다.

대금상환인도	货到付款 huò dào fùkuǎn
배달 방식	送货方式 sòng huò fāngshì
EMS	邮政特快专递 yóuzhèng tèkuài zhuān dì
보통 택배	普通快递 pǔtōng kuàidì
배송 시간	送货上门时间 sòng huò shàngmén shíjiān
스스로 가져오기	自提 zì tí

09

你室友性格怎么样?

룸메이트 성격은 어때요?

학습 목표

① 룸메이트의 성격과 버릇에 관한 대화를 익힌다.
② 얼굴 표정과 의문대사와 관련된 표현을 배운다.

기본 표현

① 一脸愁眉苦脸的样子。
② 怎么回事?
③ 一点儿也不一样。
④ 假如你不告诉我的话，我根本看不出来。

단어

09-01

性格 xìnggé 명 성격

愁眉苦脸 chóuméi kǔliǎn 우거지상[걱정과 고뇌에 쌓인 표정]

怎么回事 zěnme huí shì 어떻게 된 거야

哎 āi 감 (불만을 토로하듯) 이런, 에이

习惯 xíguàn 명 습관, 버릇

具体 jùtǐ 형 구체적인

比如 bǐrú 접 예를 들면

比如说 bǐrú shuō 예컨대

而 ér 접 그러나

相反 xiāngfǎn 동 상반되다, 반대되다

相处 xiāngchǔ 동 함께 살다(지내다)

为人 wéirén 명 사람됨, 인품, 인간성

外向 wàixiàng 형 (성격이) 외향적이다

假如 jiǎrú 접 만약, 만일

根本 gēnběn 부 전혀, 도무지

内向 nèixiàng 형 (성격이) 내성적이다

其实 qíshí 부 사실은, 실제로는

聊天 liáotiān 동 잡담하다, 채팅하다

成为 chéngwéi 동 ~가 되다

弄 nòng 동 ~하다, 만들다

同意 tóngyì 동 동의하다, 찬성하다

회화

1 생활습관

09-02

朴民秀　看你一脸愁眉苦脸的样子，怎么回事？
Kàn nǐ yìliǎn chóuméi kǔliǎn de yàngzi, zěnme huí shì?

张林　哎，别提了[1]。昨天晚上又没睡好。
Āi, bié tí le. Zuótiān wǎnshang yòu méi shuìhǎo.

朴民秀　啊？怎么了？有什么事吗？
Á? Zěnme le? Yǒu shénme shì ma?

张林　我跟我室友的生活习惯一点儿也不一样。
Wǒ gēn wǒ shìyǒu de shēnghuó xíguàn yìdiǎnr yě bù yíyàng.

朴民秀　具体地说一下。
Jùtǐ de shuō yíxià.

张林　比如说，我喜欢早睡早起[2]。而她正好相反，
Bǐrú shuō, wǒ xǐhuan zǎo shuì zǎo qǐ. Ér tā zhènghǎo xiāngfǎn,
她喜欢晚上学习，经常学到很晚才睡觉。
tā xǐhuan wǎnshang xuéxí, jīngcháng xuédào hěn wǎn cái shuìjiào.

[1] 别提了에서 提는 동사로 '언급하다, 말하다, 제기하다'의 뜻을 나타내며, 别提了 자체는 어떤 상황에 대해 더 이상 말하고 싶지 않음을 나타낸다.

[2] 早睡早起는 '일찍 자고 일찍 일어난다'는 의미이다. 중국에서 건강에 관한 속담 중에 '早睡早起身体好'가 있는데, 이는 중국 사람들이 일찍 자고 일찍 일어나는 것을 선호함을 보여 준다.

张林和室友的生活习惯有什么不一样的地方？

회화

2 룸메이트의 성격 이야기하기

09-03

张林 民秀，你和你室友相处得怎么样啊？
Mínxiù, nǐ hé nǐ shìyǒu xiāngchǔ de zěnmeyàng a?

朴民秀 不错。他为人很好，而且还很外向。
Búcuò. Tā wéirén hěn hǎo, érqiě hái hěn wàixiàng.

张林 是吗？假如你不告诉我的话，我根本看不出来。
Shì ma? Jiǎrú nǐ bú gàosu wǒ dehuà, wǒ gēnběn kàn bu chūlai.

朴民秀 是啊。很多人以为[3]他很内向，但是他其实很外向。
Shì a. Hěn duō rén yǐwéi tā hěn nèixiàng, dànshì tā qíshí hěn wàixiàng.

> [3] 以为는 어떤 객관적인 사실에 대해 자신이 잘못 알고 있었음을 나타낼 때 사용한다.

张林 那你们经常在一起做什么呢？
Nà nǐmen jīngcháng zài yìqǐ zuò shénme ne?

朴民秀 一起聊天，一起玩儿，什么[4]都做。
Yìqǐ liáotiān, yìqǐ wánr, shénme dōu zuò.

> [4] 什么는 의문대사로 문두에 쓰여 '무엇이든'이라는 임의적 의미를 나타낸다. 谁(누구든), 哪儿(어디든) 등의 의문대사도 이와 비슷한 용법을 갖고 있다.

张林 给我介绍一下啊。
Gěi wǒ jièshào yíxià a.

朴民秀 没问题。你们也一定会成为好朋友的。
Méi wèntí. Nǐmen yě yídìng huì chéngwéi hǎo péngyou de.

问一下

张林打算让民秀做什么？

독해

3 룸메이트에 대해 이야기하기

09-04

张林和她室友的生活习惯一点儿也不一样。晚上，
Zhāng Lín hé tā shìyǒu de shēnghuó xíguàn yìdiǎnr yě bù yíyàng. Wǎnshang,

张林睡觉的时候，她室友经常学习。弄得张林晚上
Zhāng Lín shuìjiào de shíhou, tā shìyǒu jīngcháng xuéxí. Nòng de Zhāng Lín wǎnshang

常常睡不好觉。
chángcháng shuì bu hǎo jiào.

民秀的室友呢，表面上看起来很内向，但他其实是
Mínxiù de shìyǒu ne, biǎomiàn shang kàn qǐlai hěn nèixiàng, dàn tā qíshí shì

很外向的人。张林让民秀介绍他的室友给自己，民秀
hěn wàixiàng de rén. Zhāng Lín ràng Mínxiù jièshào tā de shìyǒu gěi zìjǐ, Mínxiù

觉得他们会成为好朋友，就很高兴地同意了。
juéde tāmen huì chéngwéi hǎo péngyou, jiù hěn gāoxìng de tóngyì le.

问一下

张林为什么晚上常常睡不好觉?

1 얼굴 표현 용법 一脸

얼굴에 어떤 표정이 가득함을 나타내는 관용적 표현으로, 형용사의 긍정형식, 부정형식 모두 올 수 있다. 얼굴 표정을 더 생동적으로 표현하는 용법이다.

一脸严肃地说
yìliǎn yánsù de shuō

一脸的不高兴
yìliǎn de bù gāoxìng

A: 她一直在笑。
Tā yìzhí zài xiào.

B: 是啊，一脸高兴的样子，好像有什么喜事。
Shì a, yìliǎn gāoxìng de yàngzi, hǎoxiàng yǒu shénme xǐshì.

명사와도 같이 쓰일 수 있다.

一脸的怒气
yìliǎn de nùqì

一脸福相
yìliǎn fúxiàng

A: 她长得真年轻。
Tā zhǎng de zhēn niánqīng.

B: 就是，都三十几了，还一脸的娃娃相。
Jiùshi, dōu sānshí jǐ le, hái yìliǎn de wáwa xiàng.

동사와도 같이 쓰일 수 있지만 자주 사용하지는 않는다.

一脸媚笑
yìliǎn mèixiào

一脸愠怒的神色
yìliǎn yùnnù de shénsè

A: 那个男孩是谁?
Nàge nánhái shì shéi?

B: 他就是林小雨，正一脸稚笑地走在最前面。
Tā jiùshi Lín Xiǎoyǔ, zhèng yìliǎn zhìxiào de zǒu zài zuì qiánmian.

확인문제

❶ 다음 문장을 얼굴 표현 용법 一脸을 이용하여 바꾸어 보세요.

① 他很生气。

→ ____________________

② 她看上去很有福气。

→ ____________________

③ 他笑得很天真，像个孩子。

→ ____________________

❷ 문맥에 맞게 다음 대화를 완성하세요.

① A: 他好像很厉害啊？ 그는 정말 엄격한 거 같은데?

B: 是啊，________的表情。 응, 엄숙한 표정을 하고 있어.

② A: 他怎么了？ 그에게 무슨 일 있어?

B: ________的样子，好像不知道张林会来参加晚会。

놀란 얼굴을 한 걸 보니, 장린이 연회에 올 줄 몰랐나 봐.

③ A: 你认识这个字吗？ 넌 이 글자를 아니?

B: 不认识，________，看了就烦。 몰라. 웃고 있었는데, (글자를) 보니 짜증이 나네.

어법

② 怎么回事

怎么回事는 어떤 일이 발생한 이유나 연고를 잘 몰라서, 어떻게 전개되었는지 물어볼 때 자주 쓰는 표현이다. 怎么는 의문 대사이고 回는 일을 수식하는 양사이다.

这是怎么一回事?
Zhè shì zěnme yì huí shì?

过了约好的时间还不出来，不知怎么回事。
Guòle yuēhǎo de shíjiān hái bù chūlai, bù zhī zěnme huí shì.

A: 让你久等了。
Ràng nǐ jiǔ děng le.

B: 这到底是怎么回事? 都过去几个小时了。
Zhè dàodǐ shì zěnme huí shì? Dōu guòqu jǐ ge xiǎoshí le.

확인문제

❶ 다음 주어진 단어를 배열하여 문장을 완성하세요.

① 没有 / 他 / 今天 / 这是 / 来 / 怎么回事　그가 오늘 안 왔는데, 이게 어떻게 된 일이야?

➞ ______________________

② 把 / 怎么回事 / 都 / 喝光了 / 谁 / 牛奶　어찌된 일이니? 누가 우유를 다 마셨어?

➞ ______________________

③ 生气 / 不知 / 他 / 怎么回事 / 很　그는 매우 화가 났는데, 어찌된 일인지 모르겠다.

➞ ______________________

❷ 다음 문장에서 틀린 부분을 찾아 바르게 고치세요.

① 这到底什么回事?　➞ ______________

② 不知道怎么件事。　➞ ______________

③ 见了面却装做不认识，这怎么两回事?　➞ ______________

③ 완전 부정 一点儿也/都不

'전혀, 조금도 ~하지 않다'는 뜻으로, 어떤 동작이나 행위 혹은 어떤 성질의 부정을 강조할 때 쓰인다. 수사 一 뒤에는 양사, 동량사 혹은 '양사+명사'의 형태가 오며, 也와 都는 바꿔서 사용할 수 있다.

我一点儿也/都不知道你在说什么。
Wǒ yìdiǎnr yě/dōu bù zhīdao nǐ zài shuō shénme.

A: 他的成绩为什么这么差?
Tā de chéngjì wèishénme zhème chà?

B: 他在学习上一点儿也/都不用功。
Tā zài xuéxí shang yìdiǎnr yě/dōu bú yònggōng.

확인문제

❶ 괄호 안의 단어를 이용하여 문장을 완성하세요.

① 老师都讲了三遍了，他还是____________。(明白)
선생님은 세 번이나 말했지만, 그는 여전히 이해하지 못한다.

② 她很大方，____________。(拘束) 그녀는 대범하며, 조금도 구속되지 않는다.

③ 孩子很调皮，____________。(听话) 아이는 매우 장난이 심하여, 전혀 말을 듣지 않는다.

❷ 다음 주어진 단어를 배열하여 문장을 완성하세요.

① 他 / 也 / 一点儿 / 开心 / 不 그는 조금도 기쁘지 않다.

→ ____________________________

② 她 / 一点儿 / 不 / 都 / 学习上 / 努力 그녀는 학습 면에서 조금도 노력하지 않는다.

→ ____________________________

③ 妈妈 / 担心 / 也 / 一点儿 / 她 / 不 엄마는 조금도 그녀를 걱정하지 않는다.

→ ____________________________

어법

4 假如

假如는 가정문에 쓰이며 如果와 같은 의미로, 뒤에 종종 那么, 就, 便 등과 호응하여 사용한다.

假如明天下雨，我们就不去爬山。
Jiǎrú míngtiān xiàyǔ, wǒmen jiù bú qù páshān.

假如天气特别冷，上超市的顾客便会减少。
Jiǎrú tiānqì tèbié lěng, shàng chāoshì de gùkè biàn huì jiǎnshǎo.

A: 假如有很多钱的话，那么你想做什么？
Jiǎrú yǒu hěn duō qián dehuà, nàme nǐ xiǎng zuò shénme?

B: 我想去世界各地看足球比赛。
Wǒ xiǎng qù shìjiè gèdì kàn zúqiú bǐsài.

확인문제

1 다음 한국어 문장을 괄호 안의 단어와 假如를 이용하여 중국어로 써 보세요.

① 나는 크면, 선생님이 되고 싶어. (长大，当，老师)

→ ______________________________

② 내가 한 마리 새가 된다면, 얼마나 좋을까! (一只小鸟，该)

→ ______________________________

③ 나는 돈이 있으면, 스포츠카를 한 대 살 것이다. (有钱，一辆跑车)

→ ______________________________

1 괄호 안의 단어를 이용하여 문장을 완성하세요.

① ______________，那该有多好啊！(游泳)
만약 내가 수영을 할 줄 안다면, 얼마나 좋을까!

② ______________，我就去世界各地旅游。(有)
만약 내게 돈과 시간이 있다면, 나는 세계 각지를 여행할 것이다.

③ 我想换个专业，______________。(选择)
나는 전공을 바꾸고 싶은데, 만약에 괜찮다면, 나는 법률학과를 선택할 것이다.

5 ……出来

'나오다'라는 실제적인 방향의 의미가 확장되어, 어떤 동작의 진행에 따라 불명확한 것에서 명확한 것으로 바뀌거나, 존재하지 않았던 상황이나 사물이 새로 생기는 것을 나타낸다.

毕业十年了, 大家都有些认不出来了。
Bìyè shí nián le, dàjiā dōu yǒuxiē rèn bu chūlai le.

太难了, 我做不出来。
Tài nán le, wǒ zuò bu chūlai.

A: 这个汉字太难了, 我写不出来。
Zhège Hànzì tài nán le, wǒ xiě bu chūlai.

B: 没关系, 可以查一下词典。
Méi guānxi, kěyǐ chá yíxià cídiǎn.

확인문제

❶ 다음 문장에서 틀린 부분을 찾아 바르게 고치세요.

① 大家变化太大了, 我认得出来。 → ____________

② 她和她姐姐长得太像了, 我差点儿分不出来。 → ____________

③ 我一下子说不他的名字出来了。 → ____________

❷ 다음 한국어 문장을 괄호 안의 단어와 '……出来'를 이용하여 중국어로 써 보세요.

① 이 쌍둥이는 너무 닮아서, 구분하기가 힘들다. (双胞胎, 长, 太像, 几乎, 分)

→ ____________________________

② 이 두 치마는 모두 예뻐서, 고를 수가 없다. (裙子, 漂亮, 挑)

→ ____________________________

③ 영화와 소설 중에 어느 것이 더 좋은지, 나는 말을 할 수가 없다. (电影, 小说, 更, 说)

→ ____________________________

표현 확장 연습

09-05

1

他看上去一点儿也不紧张。

看起来	着急
看来	年轻
看样子	饿

응용 연습

A 才喝了一杯酒就醉了。

B 不好意思，我一点儿也不能喝酒。

2

假如你有时间，那么你想做什么？

哥哥	和他干什么
车	去哪儿
钱	买什么

응용 연습

A 你想选什么专业？

B 假如能重新选择专业，那么我想选择法律。

3

家乡的变化太大了，我都认不出来了。

汉字太难	写
声音太小	听
距离太远	看

응용 연습

A 这是谁呀？

B 大家的变化都太大了，我都分不出来了。

연습

1 녹음을 듣고 관련 있는 사진을 고르세요. ▶ 09-06

A　　B　　C　　D

① ☐　② ☐　③ ☐　④ ☐

2 녹음을 듣고 주어진 문장과 일치하면 √를, 일치하지 않으면 ×를 표시하세요. ▶ 09-07

① 等了很久了。 ☐　② 我明白了你说的意思。 ☐

③ 明天我们一定去爬山。 ☐　④ 他一直在笑。 ☐

3 녹음을 듣고 알맞은 대답을 고르세요. ▶ 09-08

① A 不高兴　B 很高兴　C 原来喜欢笑

② A 约好的时间还没到　B 他们给他打了电话　C 他们等了很久了

③ A 写起来　B 能写出来　C 写不出来

④ A 成绩很差　B 成绩好　C 学习很用功

4 다음 주어진 문장과 관련 있는 문장을 고르세요.

A 他很生气。　B 昨天晚上又没睡好。

C 10年没见过。　D 我想去美国旅游。

① 一点儿也不舒服。 ☐　② 这是怎么回事? ☐

③ 假如我有钱就好了。 ☐　④ 我认不出来了。 ☐

연습

5 다음 빈칸에 들어갈 알맞은 단어를 고르세요.

보기

A 假如　B 出来　C 回事　D 一脸

① 你 ________ 不高兴的样子，怎么回事？

② ________ 你不告诉我的话，我根本看不出来。

③ 这是怎么 ________ ？

④ 太难了，我做不 ________ 了。

6 다음 질문에 알맞은 답을 고르세요.

① 刚才我看他的时候，他一脸高兴的样子。原来他得了满分。

★ 他现在的情况怎么样？

A 他特别高兴　B 他考得不太好　C 他刚考了听力考试

② 我喜欢早睡早起，而我的室友正好相反，她喜欢晚上学习，经常学到很晚才睡觉。她和我的生活习惯一点儿也不一样。

★ 我和室友的生活习惯怎么样？

A 完全一样　B 差不多　C 不一样

③ 很多人以为我的室友很内向。其实他的性格很外向。假如我不告诉别人，他们都根本看不出来的。

★ 我的室友性格怎么样？

A 很内向　B 很外向　C 很严肃

7 본문 회화를 참고하여 친구와 가상하는 상황에 대해 대화를 해 보세요.

① 食堂 / 好吃 / 见室友的话

② 电影 / 有意思 / 有时间的话

③ 电脑 / 有很多功能 / 需要查资料的话

④ 买车 / 方便 / 有钱的话

참고대화

A: 你的室友性格怎么样?

B: 他很外向。

A: 假如你不告诉我，我根本看不出来。

중국 사람들의 생활 습관

대부분의 중국 사람은 아침에 일찍 일어난다. 아침에 집 근처의 공원이나 공터를 찾아 태극권을 하며 신체를 단련하는 사람도 있고, 한가롭게 라디오를 들으며 산책하는 사람도 있다.

중국 사람은 될 수 있으면 아침밥을 챙겨 먹는데, 집에서 간단히 쌀죽을 끓여 먹거나, 빵이나 우유를 먹거나 한다. 또한 어떤 사람들은 출근 길에 길에서 판매하는 간이 판매점에서 아침밥을 사 먹기도 한다. 그래서 아침에는 길에서 아침밥을 먹는 사람들을 흔히 볼 수 있다.
낮잠을 자는 것도 중국 사람이 중시하는 습관 중 하나이다. 심지어 여름에는, 정부 기관, 회사, 학교에서 낮잠을 잘 수 있도록 하기 위해, 특별히 오후 시작 시간을 뒤로 한 시간 연기하여, 오후 2시에 시작하기도 한다. 집이 가까운 사람은 집에 가서 휴식을 취하고, 집이 먼 사람은 사무실에서라도 잠시 휴식을 취한다.

중국 사람 대부분은 오후 6시가 되면 정시 퇴근을 하며, 일부 정부 기관에서는 오후 4시 반이나 5시쯤 퇴근하는 경우도 종종 있다. 외식하는 날을 제외하면, 대부분은 집에 돌아가서 저녁밥을 준비한다. 그래서 한국에서는 많은 사람이 9시 뉴스를 즐겨보지만, 중국에서는 7시 뉴스를 즐겨본다. 이것은 야근을 많이 하는 한국 사람과 비교하면 매우 특이한 습관이다.

일찍 잠자리에 드는 것도 주요 습관 중 하나이다. 물론 젊은 사람들은 일이나 공부 때문에 늦게 자기도 하지만, '早睡早起身体好(일찍 자고 일찍 일어나야 건강에 좋다)'라는 속담도 있듯이 대부분의 사람은 일찍 잠자리에 든다.

공원	公园 gōngyuán	쌀죽	米粥 mǐ zhōu
공터, 빈 땅	空地 kòng dì	낮잠(을 자다)	午睡 wǔshuì
라디오	收音机 shōuyīnjī (=广播 guǎngbō)	정부 기관	政府机关 zhèngfǔ jīguān
산책하다	散步 sànbù		

10

我们什么时候开始考试?

우리는 언제부터 시험입니까?

학습 목표

❶ 기말고사 시험 일정이나 시험준비, 숙제 등에 관해 묻고 답하는 표현을 익힌다.

❷ 강조문과 선택관계 및 '把자문'에 대한 문법을 배운다.

기본 표현

❶ 都期末考试了，还赶什么报告?

❷ 你该加油了!

❸ 我宁可写报告，也不要考试。

❹ 把学过的东西再复习一遍。

단어

▶ 10-01

考试 kǎoshì 동 시험을 치다

赶 gǎn 동 서두르다, 재촉하다

报告 bàogào 명 보고서

期末考试 qīmò kǎoshì 명 기말고사

布置 bùzhì 동 (어떤 활동에 대해) 계획하다, 안배하다

顾不上 gù bu shàng 돌볼 틈이 없다, 생각도 할 수 없다

重要 zhòngyào 형 중요하다

宁可 nìngkě 부 차라리 ~할지언정

当成 dàngchéng 동 ~으로 여기다, 간주하다

负担 fùdān 명 부담, 책임

快要 kuàiyào 부 곧(머지않아) ~하다

确实 quèshí 부 확실히, 틀림없이

牢 láo 형 오래 가다, 단단하다

记 jì 동 기억하다, 암기하다

脑子 nǎozi 명 머리, 기억력[구어]

회화

 서둘러 숙제하기

▶ 10-02

朴民秀　我看见你最近一直在图书馆里，是在复习吗？
Wǒ kànjiàn nǐ zuìjìn yìzhí zài túshūguǎn li, shì zài fùxí ma?

张林　不是复习，是在赶一个报告。
Bú shì fùxí, shì zai gǎn yí ge bàogào.

朴民秀　都期末考试了，还赶什么报告？
Dōu qīmò kǎoshì le, hái gǎn shénme bàogào?

张林　是语法课刘老师布置的作业。
Shì yǔfǎ kè Liú lǎoshī bùzhì de zuòyè.

朴民秀　要考试了[1]，你该加油了！
Yào kǎoshì le, nǐ gāi jiāyóu le!

[1] '要……了'는 '곧 ~이다'라는 의미로, 어떤 상황이 임박했음을 나타낸다.

张林　对了！ 期末考试什么时候开始？
Duì le! Qīmò kǎoshì shénme shíhou kāishǐ?

朴民秀　从六月十五号到[2]六月二十一号。
Cóng liù yuè shíwǔ hào dào liù yuè èrshíyī hào.

[2] '从……到……'는 '~부터 ~까지'라는 의미의 접속사로, 시간적 거리를 나타낸다.

问一下

张林最近为什么一直在图书馆？

회화

2 기말고사 일정

10-03

张林 民秀，我们什么时候开始考试？
Mínxiù, wǒmen shénme shíhou kāishǐ kǎoshì?

朴民秀 下星期开始。准备得差不多了吧？
Xià xīngqī kāishǐ. Zhǔnbèi de chàbuduō le ba?

张林 哪里❸，我最近一直在忙着赶作业，顾不上看书。
Nǎli, wǒ zuìjìn yìzhí zài mángzhe gǎn zuòyè, gù bu shàng kàn shū.

朴民秀 那可不行，考试是最重要的。
Nà kě bùxíng, kǎoshì shì zuì zhòngyào de.

❸ 哪里는 대화에서 不是这样的(사실은 그게 아니다)의 의미를 나타낸다. 상대가 하는 말을 완곡하게 부정할 때 쓰인다.

张林 我宁可写报告，也不要考试。
Wǒ nìngkě xiě bàogào, yě bú yào kǎoshì.

朴民秀 考试可以让我们把学过的东西再复习一遍，
Kǎoshì kěyǐ ràng wǒmen bǎ xuéguo de dōngxi zài fùxí yí biàn,

别把考试当成负担。
bié bǎ kǎoshì dàngchéng fùdān.

张林 我没时间跟你聊了，我得去图书馆了。再见！
Wǒ méi shíjiān gēn nǐ liáo le, wǒ děi qù túshūguǎn le. Zàijiàn!

问一下

他们什么时候开始考试？

독해

3 장린의 시험 준비

10-04

学校快要考试了，但是张林没有时间看书，因为她
Xuéxiào kuàiyào kǎoshì le, dànshì Zhāng Lín méiyǒu shíjiān kàn shū, yīnwèi tā

最近一直在图书馆里忙着赶作业，顾不上看书。连什么
zuìjìn yìzhí zài túshūguǎn li mángzhe gǎn zuòyè, gù bu shàng kàn shū. Lián shénme

时候考试她都不知道。考试对学生来说[4]，确实是个很大
shíhou kǎoshì tā dōu bù zhīdao. Kǎoshì duì xuésheng láishuō, quèshí shì ge hěn dà

的烦恼，但是只有通过考试，才能让学生把学过的东西
de fánnǎo, dànshì zhǐyǒu tōngguò kǎoshì, cáinéng ràng xuésheng bǎ xuéguo de dōngxi

牢牢地记在脑子里。
láoláo de jì zài nǎozi li.

> 4 '对……来说'는 '~에 있어서'라는 뜻으로, 어떤 판단이나 견해를 표현할 때 쓰이며, 주로 문장 앞에 놓는다.
> 예 对学生来说，学习是最重要的，打工会影响学习。(학생에게 있어서, 학습이 가장 중요하며, 아르바이트는 학습에 영향을 준다.)

问一下

张林为什么一直顾不上看书?

어법

1 都……，还……

'都……, 还……'는 '벌써 ~인데, 아직도 ~하다'의 의미로, 어떤 사실을 강조할 때 자주 쓰는 형식이다. 둘 중 어느 하나도 생략할 수 없으며, 일반적으로 都가 속한 문장의 술어 뒤나 문장 끝에 了를 써준다.

都期末考试了，还赶什么报告？
Dōu qīmò kǎoshì le, hái gǎn shénme bàogào?

A: 都九点了，还不起来？
Dōu jiǔ diǎn le, hái bù qǐlai?

B: 今天是星期天，我想多睡一会儿。
Jīntiān shì xīngqītiān, wǒ xiǎng duō shuì yíhuìr.

확인문제

❶ 다음 문장에서 틀린 부분을 찾아 바르게 고치세요.

① 火车都快开，你还不动身？ → ______

② 事情都过去了，你也计较什么？ → ______

③ 都十二点了，你还玩电脑了？ → ______

❷ 서로 관련된 문장끼리 연결해 보세요.

① 都夏天了。 • • 你们还在聊什么？

② 都上课了。 • • 你还不睡觉？

③ 都这么晚了。 • • 你还穿得这么厚？

② 该……了

该는 '마땅히 ~해야 한다'는 의미의 조동사이다. 여기에 시간의 변화를 나타내는 어기조사 了를 함께 써주면 사실상 혹은 도리상 '마땅히 ~할 때가 되었다'라는 의미가 된다.

要考试了, 你该加油了!
Yào kǎoshì le, nǐ gāi jiāyóu le!

A: 妈妈, 现在几点了?
Māma, xiànzài jǐ diǎn le?

B: 七点半了, 你该起床了!
Qī diǎn bàn le, nǐ gāi qǐchuáng le!

확인문제

❶ 다음 괄호에서 该의 위치를 찾으세요.

① 时间 (A) 不早了, 我 (B) 去 (C) 上课 (D) 了。

② (A) 那 (B) 怎么 (C) 办呢 (D) 。

③ 都 (A) 十二点 (B) 了, 你 (C) 睡 (D) 了。

❷ 다음 주어진 단어를 배열하여 문장을 완성하세요.

① 我 / 你 / 唱 / 了 / 该 / 完 / 了 / 唱　나는 (노래를) 다 불렀고, 네 차례이다.

→ ______________________________

② 回去 / 该 / 了 / 我们 / 太 / 晚了　너무 늦었다. 우리는 돌아갈 때가 되었다.

→ ______________________________

③ 了 / 六点 / 他 / 来 / 该 / 了 / 快　벌써 6시이다. 그는 올 때가 되었다.

→ ______________________________

어법

3 宁可……也不/决不……

'차라리 ~할지언정 ~하지 않다'의 의미로 선택관계를 나타낸다. 전자와 후자 모두 특별히 마음에 들지는 않지만, 후자를 선택하느니 전자를 선택하는 것이 더 나음을 표현할 때 쓴다.

我宁可写报告，也不要考试。
Wǒ nìngkě xiě bàogào, yě bú yào kǎoshì.

A: 我们出去散步吧。
Wǒmen chūqu sànbù ba.

B: 外面那么冷，我宁可在家里坐着，也决不出去。
Wàimian nàme lěng, wǒ nìngkě zài jiāli zuòzhe, yě jué bù chūqu.

확인문제

❶ 문맥에 맞게 다음 대화를 완성하세요.

① A: 你怎么在家洗衣服，没跟他去看电影？

B: 那个人很没趣，我宁肯__________，也不要__________。

② A: 三明治有什么好吃的？我们去麦当劳吃炸鸡，怎么样？

B: 麦当劳的炸鸡太油腻了，我宁可__________，也不__________。

❷ 다음 주어진 두 문장을 '宁可……也不/决不……'를 이용하여 한 문장으로 만들어 보세요.

① 我花很多钱买机票。 / 我不愿意坐十个小时火车。

→ ______________________________

② 我在家睡觉。 / 我不愿意跟他出去玩。

→ ______________________________

4 把자문(2)

'把자문'에 능원동사가 있으면 개사 把 앞에 온다.

他想把学过的东西再复习一遍。
Tā xiǎng bǎ xuéguo de dōngxi zài fùxí yí biàn.

A: 一定要把护照带上。
Yídìng yào bǎ hùzhào dàishang.

B: 放心吧，都准备好了。
Fàngxīn ba, dōu zhǔnbèi hǎo le.

'把자문'을 부정할 때는 상황에 따라 부정사 没, 不, 别를 각각 써준다. 일반 사실을 부정하면 没로, 능원동사가 있으면 不로, 명령을 부정하면 别로 부정한다.

他没把学过的东西再复习一遍。
Tā méi bǎ xuéguo de dōngxi zài fùxí yí biàn.

我不想把书给他。
Wǒ bù xiǎng bǎ shū gěi tā.

你别把这件事放在心上。
Nǐ bié bǎ zhè jiàn shì fàng zài xīnshang.

확인문제

❶ 다음 문장을 부정문으로 바꾸어 보세요.

① 他把邮票贴在信封上了。 ➞ ______________

② 我想把这件事忘了。 ➞ ______________

③ 把书放在桌子上。 ➞ ______________

❷ 다음 문장에서 틀린 부분을 찾아 바르게 고치세요.

① 他把放书包没放在椅子上。 ➞ ______________

② 你把这件事情应该告诉他。 ➞ ______________

③ 我想把这件事情不告诉他。 ➞ ______________

표현 확장 연습

10-05

1 要考试了，你该加油了！

出发	准备
开学	写作业
放假	回国

응용 연습

A 下个星期一起去长城，怎么样？

B 我的签证到期了，我该回国了！

2 我宁可写报告，也不要考试。

吃烤面包	吃汉堡包
喝酒	抽烟
抄写	背课文

응용 연습

A 今天的口语考试，你复习得怎么样了？

B 我宁可考笔试，也不愿意考口试。

3 把学过的东西再复习一遍。

课文	念
生词	写
房间	收拾

응용 연습

A 你怎么还没出来啊？

B 我得把作业写完才能出去。

연습

1 녹음을 듣고 관련 있는 사진을 고르세요. ▶ 10-06

A 

B 

C

D 

① 　② 　③ 　④ 

2 녹음을 듣고 주어진 문장과 일치하면 √를, 일치하지 않으면 ×를 표시하세요. ▶ 10-07

① 已经起床了。　② 我没把书还给他。

③ 我不想参加考试。 　④ 期间已经结束了。

3 녹음을 듣고 알맞은 대답을 고르세요. ▶ 10-08

① A 飞机票　B 护照　C 身份证

② A 九点　B 八点　C 七点

③ A 坐着　B 散步　C 睡觉

④ A 星期五　B 星期六　C 星期天

연습

4 다음 주어진 문장과 관련 있는 문장을 고르세요.

A 要考试了。　　B 那可不行，考试是最重要的。
C 语法课老师布置的作业。　　D 期末考试什么时候开始?

① 都期末考试了，还赶什么报告?

② 我宁可写报告，也不要考试。

③ 从六月十五号到六月二十一号。

④ 你该加油了!

5 다음 빈칸에 들어갈 알맞은 단어를 고르세요.

보기

A 宁可　B 还　C 该　D 把

① 天气那么冷，我 ________ 在家里坐着，也不出去。

② 考试可以让我们 ________ 学过的东西再重复一遍。

③ 七点了，你 ________ 起床了!

④ 都期末考试了， ________ 赶什么报告?

6 다음 질문에 알맞은 답을 고르세요.

① 民秀看见张林最近一直在图书馆里。他问张林原因，张林说，她在赶一个报告。

★ 张林在图书馆干什么?

A 学习　B 做作业　C 写报告

② 民秀问张林考试准备得怎么样。张林说，她最近一直在忙着赶作业，顾不上看书。

★ 张林考试准备得怎么样？

A 准备得好　　B 准备得不好　　C 准备得差不多了

③ 要考试了。不过张林一直在忙着写语法课老师布置的作业。她宁可写报告，也不要考试。

★ 张林把考试当成什么？

A 负担　　B 最重要的　　C 没什么感觉

7 본문 회화를 참고하여 친구에게 도움을 요청하는 대화를 해 보세요.

① 上课 / 起床

② 回国 / 预订 / 飞机票

③ 汽车 / 迟到

참고대화

A: 我在图书馆里赶一个报告。
B: 都快期末考试了，还赶什么报告？
A: 语法课刘老师布置的作业。
B: 要考试了，你该加油了！

중국의 입시시험제도

중국은 1952년에 전국대학의 통일된 신입생 모집고사인 대학입시시험을 실시하였다. 1966년부터 1976년까지의 '문화대혁명' 기간에는 대학 신입생 모집을 중지하였다가, 1977년도에 다시 실시하게 되었다.

중국에서도 대학입시시험 성적에 따라 북경대학, 청화대학 등과 같은 일류 중점대학에 진학할 수 있는지가 결정되므로, 학생 자신 외에 심지어 할아버지에서 손자에 이르는 3대가 총 동원되어 고3 일 년 동안 물심양면으로 돕는다. 일류 중점대학에 진학한다는 것은, 장래에 취업이나 구직에서 아주 좋은 경쟁력과 충분한 보장을 얻게 됨을 의미하기 때문이다.

대학입시시험은 '일반고등학교 전국 입시생 모집 통일고사'가 정식명칭이며, 대학입시생 모집고사, 즉 일종의 사회고시이다. 과거에는 25세 이상은 지원할 수 없었지만, 2001년도부터 만 25세 이상의 사람도 누구나 응시할 수 있도록 했다. 고1, 고2 및 대학생을 제외한 모든 사람에게 시험을 볼 수 있는 기회가 주어진 것이다.

고등학교 졸업연합고사는 '일반고등학교 학생학업 기초연합고시'가 정식명칭이다. 모든 고등학생은 반드시 이 시험에 참여해야 하며, 졸업에 필요한 일정점수만 획득하면 등급과 상관없이 졸업이 인정된다.

〈시험을 보는 학생들〉

대학입시시험	高考 gāokǎo
문화대혁명	文革 wéngé
중점대학	重点大学 zhòngdiǎn dàxué
할아버지에서 손자에 이르는 3대	祖孙三代 zǔsūn sāndài
고3 (고등학교 3학년생)	高三 gāo sān
취업	就业 jiùyè
구직	求职 qiúzhí
고등학교 졸업연합고사	会考 huìkǎo

入乡随俗。

로마에 가면 로마법을 따라야 한다.

학습 목표

❶ 친구의 고향집이나 선생님 댁을 방문하여 대화를 나누는 내용과 표현을 익힌다.

❷ 반문용법과 의문사의 비의문용법을 배운다.

기본 표현

❶ 哪儿的话?

❷ 你还买什么东西呀?

❸ 原来中国和韩国不一样啊。

단어

11-01

入乡随俗 rùxiāng suísú 성 로마에 가면 로마법을 따라야 한다

叔叔 shūshu 명 아저씨[아버지 연배의 남자에 대한 호칭 또는 아이가 남자 어른을 부르는 말]

阿姨 āyí 명 아주머니[아이가 친척이 아닌 어머니 연배의 여자를 부르는 말]

添 tiān 동 더하다, 덧붙이다

麻烦 máfan 명 골칫거리, 번거로움

特产 tèchǎn 명 특산물

高丽 Gāolí 명 고려

人参 rénshēn 명 인삼

糖 táng 명 사탕, 캔디

品尝 pǐncháng 동 맛을 보다

收下 shōuxià 동 받다, 받아 두다

俩 liǎ 수 두 사람[구어]

拜访 bàifǎng 동 삼가 방문하다[경어]

教研室 jiàoyánshì 명 연구실

原来 yuánlái 부 알고 보니, 원래는

趟 tàng 양 차례, 번[왕래의 횟수를 세는 데 쓰임]

老家 lǎojiā 명 고향 집, 고향

紧张 jǐnzhāng 형 (정신적으로) 긴장하다, 불안해하다

新鲜 xīnxiān 형 새롭다, 참신하다

회화

1 친구 집 방문하기

▶ 11-02

张林　我给你介绍。这是我爸，这是我妈。
Wǒ gěi nǐ jièshào.　Zhè shì wǒ bà, zhè shì wǒ mā.

爸、妈，这是民秀。
Bà、mā, zhè shì Mínxiù.

朴民秀　叔叔、阿姨，你们好。不好意思，给你们添麻烦了。
Shūshu、āyí, nǐmen hǎo.　Bù hǎoyìsi, gěi nǐmen tiān máfan le.

张林爸爸　哪儿的话？太客气了，来，快这边儿坐。
Nǎr de huà?　Tài kèqi le, lái, kuài zhèbiānr zuò.

朴民秀　这是韩国的特产，高丽人参糖[1]，请你们品尝品尝。
Zhè shì Hánguó de tèchǎn, Gāolí rénshēn táng, qǐng nǐmen pǐncháng pǐncháng.

张林妈妈　你还买什么东西呀？
Nǐ hái mǎi shénme dōngxi ya?

[1] 高丽人参糖은 '인삼사탕'으로, 한국의 대표적인 특산품 중 하나이다. 한국과 관련된 것이면 앞에 高丽를 붙여서 말하기도 하는데, 예를 들면 高丽酒, 高丽烟 등이 있다.

朴民秀　一点儿心意[2]，请你们收下吧。
Yìdiǎnr xīnyì, qǐng nǐmen shōuxià ba.

张林妈妈　那好吧。谢谢。
Nà hǎo ba. Xièxie.

[2] 一点儿心意는 '작은 성의'라는 뜻으로, 선물을 줄 때 자주 쓰는 표현이다. 一点儿小意思라고 표현하기도 한다.

问一下

民秀给张林的父母带去了什么特产？

회화

2 선생님 찾아 뵙기

11-03

朴民秀 请问，这是李老师家吗？
Qǐngwèn, zhè shì Lǐ lǎoshī jiā ma?

张林 你好，我们是李老师的学生。
Nǐ hǎo, wǒmen shì Lǐ lǎoshī de xuésheng.

李老师儿子 请你们稍等。爸，有学生来了。
Qǐng nǐmen shāo děng. Bà, yǒu xuésheng lái le.

李老师 啊，你们俩❸怎么来了？快进来。
À, nǐmen liǎ zěnme lái le? Kuài jìnlai.

❸ 俩는 '두 사람, 두 개'를 뜻하며, 뒤에 个 또는 기타 양사를 붙이지 않는다는 점에 주의해야 한다. 비슷한 용법으로 '셋, 세 개, 세 사람'을 뜻하는 '仨 sā'가 있다.

朴民秀 李老师，我还是第一次来老师家拜访呢。
Lǐ lǎoshī, wǒ háishi dì yī cì lái lǎoshī jiā bàifǎng ne.

李老师 在韩国，你们不去老师家拜访吗？
Zài Hánguó, nǐmen bú qù lǎoshī jiā bàifǎng ma?

朴民秀 老师一般都有自己的教研室，我们只是去教研室拜访老师。
Lǎoshī yìbān dōu yǒu zìjǐ de jiàoyánshì, wǒmen zhǐshì qù jiàoyánshì bàifǎng lǎoshī.

张林 原来中国和韩国不一样啊。
Yuánlái Zhōngguó hé Hánguó bù yíyàng a.

问一下

中国和韩国的老师有什么不一样的地方？

독해

3 한국문화와 중국문화의 차이

11-04

民秀跟着中国朋友张林回了趟张林的老家，还一起去了李老师的家。这是民秀第一次去老师家拜访，他觉得既紧张又[4]新鲜。在韩国，老师们一般都有自己的教研室，所以，如果学生要拜访老师的话，不是去老师的家，而是去教研室。民秀觉得“入乡随俗”最好。

Mínxiù gēnzhe Zhōngguó péngyou Zhāng Lín huíle tàng Zhāng Lín de lǎojiā, hái yìqǐ qùle Lǐ lǎoshī de jiā. Zhè shì Mínxiù dì yī cì qù lǎoshī jiā bàifǎng, tā juéde jì jǐnzhāng yòu xīnxiān. Zài Hánguó, lǎoshīmen yìbān dōu yǒu zìjǐ de jiàoyánshì, suǒyǐ, rúguǒ xuésheng yào bàifǎng lǎoshī dehuà, bú shì qù lǎoshī de jiā, ér shì qù jiàoyánshì. Mínxiù juéde “rùxiāng suísú” zuì hǎo.

[4] ‘既……又……’는 동시에 두 가지 성질이나 상황이 있음을 나타내며, 중간에는 형용사나 동사가 온다. 앞 절과 뒤 절의 구조는 일반적으로 같다.
예 这件衣服既漂亮又便宜。(이 옷은 예쁘고 싸다.)

问一下

民秀去老师家拜访了吗？他感觉怎么样？

1 반문을 나타내는 哪儿的话

여기서 哪儿的话는 자신에 대한 칭찬을 들었을 때 사용하는 겸어표현으로, '천만에요, 별말씀을요'의 의미이다.

A: 以后还请多多关照。
Yǐhòu hái qǐng duōduō guānzhào.

B: 哪儿的话? 都是应该做的。
Nǎr de huà? Dōu shì yīnggāi zuò de.

A: 还麻烦你特意跑来, 真不好意思。
Hái máfan nǐ tèyì pǎolai, zhēn bù hǎoyìsi.

B: 哪儿的话? 我也是顺路。
Nǎr de huà? Wǒ yě shì shùnlù.

확인문제

❶ 哪儿的话를 이용하여 대화를 완성하세요.

① A: 谢谢你送我这么贵重的礼物。 B: ______________________
이렇게 귀한 선물을 줘서 고마워요. 별말씀을요, 제 작은 성의입니다.

② A: 你的汉语说得像中国人一样。 B: ______________________
당신은 중국어를 말하는 게 중국인 같아요. 별말씀을요, 아직 멀었어요.

③ A: 谢谢你教我韩语。 B: ______________________
한국어를 가르쳐줘서 고마워. 천만에, 우린 친구잖아.

❷ 상대방을 칭찬하는 말로 대화를 완성하세요.

① A: ______________________ B: 哪儿的话，我的汉语说得不好。
너는 중국어를 정말 잘 한다. 천만에, 나는 중국어를 잘 못해.

② A: ______________________ B: 哪儿的话，我做菜的手艺不好。
네가 한 요리는 정말 맛있어. 천만에, 내 요리솜씨는 안 좋아.

③ A: ______________________ B: 哪儿的话，我唱得太一般了。
네가 부르는 노래는 정말 듣기 좋구나. 천만에, 나는 노래부는 게 너무 평범해.

② 怎么

怎么는 일부 동사나 형용사를 수식하여 원인이나 이유를 물을 때 쓰이며, '왜, 어째서'의 의미를 지닌다. 이때 동사, 형용사는 긍정형식, 부정형식 둘 다 올 수 있다.

你怎么来了?
Nǐ zěnme lái le?

你怎么不打太极拳呢?
Nǐ zěnme bù dǎ tàijíquán ne?

他怎么这么高兴?
Tā zěnme zhème gāoxìng?

水怎么不热?
Shuǐ zěnme bú rè?

확인문제

❶ 다음 괄호에서 怎么의 위치를 찾으세요.

① 你 (A) 不 (B) 去 (C) 游泳 (D) 呢?

② (A) 茶 (B) 冲 (C) 不 (D) 开?

③ 盒饭 (A) 还 (B) 没有 (C) 送到 (D) ?

❷ 다음 주어진 단어를 배열하여 문장을 완성하세요.

① 怎么 / 你 / 一个人 / 这儿 / 在　넌 왜 혼자 여기에 있니?

→ ________________________________

② 会 / 在 / 他 / 医院 / 呢 / 怎么　그 사람이 왜 병원에 있는 거지?

→ ________________________________

③ 照片 / 到 / 手里 / 他 / 怎么 / 了　사진은 왜 그의 손에 들어간 거지?

→ ________________________________

어법

3 原来

原来는 원인을 나타내는 절을 이끌어내며, 怪不得를 수반하면 전에 이상하다고 생각했던 어떤 일들의 원인을 지금에서야 알게 되어, 더 이상 이상하다고 생각하지 않게 됨을 나타낸다. 怪不得는 原来 앞뒤에 모두 올 수 있다.

原来他在中国住过，怪不得他的汉语这么好。
Yuánlái tā zài Zhōngguó zhùguo, guàibude tā de Hànyǔ zhème hǎo.

怪不得他今天没来上课呢，原来他病了。
Guàibude tā jīntiān méi lái shàngkè ne, yuánlái tā bìng le.

我以为你是中国人呢，原来你是韩国人。
Wǒ yǐwéi nǐ shì Zhōngguórén ne, yuánlái nǐ shì Hánguórén.

怪不得你每天在家里，原来你不喜欢运动。
Guàibude nǐ měi tiān zài jiā li, yuánlái nǐ bù xǐhuan yùndòng.

확인문제

❶ 다음 괄호에서 原来의 위치를 찾으세요.

① 我（ A ）一直以为你（ B ）是日本人呢，（ C ）是中国人啊。

②（ A ）长得（ B ）这么像，（ C ）是你妹妹啊。

③ 怪不得她（ A ）这么了解法国的情况，（ B ）她是（ C ）法语专业的学生。

❷ 문맥에 맞게 다음 문장을 완성하세요.

① 怪不得__________，原来你是中文系的学生。
어쩐지 중국어를 할 줄 알더라니, 원래 너는 중문과 학생이었구나.

② 原来这是你妹妹，怪不得__________。
원래 이 사람이 네 동생이었다니, 어쩐지 생긴 게 너와 이렇게 닮았네.

③ 怪不得你也不知道昨天的作业是什么，原来__________。
어쩐지 너도 어제 숙제가 뭔지 몰랐다니, 원래 어제 너도 수업에 안 갔구나.

4 不是……而是……

'不是……而是……'는 병렬문으로, '~가 아니라, ~이다'를 나타낸다.

他不是不知道，而是不想告诉我们。
Tā bú shì bù zhīdao, ér shì bù xiǎng gàosu wǒmen.

他不是教授，而是医生。
Tā bú shì jiàoshòu, ér shì yīshēng.

A: 你怎么吃得这么少?
Nǐ zěnme chī de zhème shǎo?

B: 不是为了别的，而是为了减肥。
Bú shì wèile biéde, ér shì wèile jiǎnféi.

확인문제

❶ 괄호 안의 단어와 '不是……而是……'를 이용하여 문장을 완성하세요.

① 她交朋友__________，而是__________。(玩儿，学习)
그녀가 친구를 사귀는 것은 놀기 위해서가 아니라, 공부를 하기 위해서이다.

② 他__________，而是______。(护士，医生)
그는 간호사가 아니고, 의사이다.

③ 她__________，______女孩。(男孩，女孩)
그녀는 남자아이가 아니고, 여자아이이다.

표현 확장 연습

11-05

1

哪儿的话？我英语歌唱得一般。

太极拳	打
汉字	写
画儿	画

응용 연습

A 你网球打得真好。
B 哪儿的话？我网球打得一般。

2

你怎么买了这么多东西呀？

带	礼物
花	钱
穿	衣服

응용 연습

A 你怎么写了这么多贺卡呀？
B 快要过年了，我想给中国的朋友们寄回去。

3

不是我不想去，而是没有时间。

他的狗	我的狗
我的衣服	我姐姐的衣服
我的老师	我的爸爸

응용 연습

A 她怎么不跟我们一起去看电影？
B 不是她不想去，而是作业太多了。

연습

1 녹음을 듣고 관련 있는 사진을 고르세요. 11-06

A B C D

① ② ③ ④

2 녹음을 듣고 주어진 문장과 일치하면 √를, 일치하지 않으면 ×를 표시하세요. 11-07

① 他是医生。

② 水很热。

③ 他说汉语说得很好。

④ 我没想到你来这儿。

3 녹음을 듣고 알맞은 대답을 고르세요. 11-08

① A 不想吃 B 为了别的 C 为了减肥

② A 不想告诉他们 B 一直不知道 C 已经告诉了

③ A 不想来学校 B 病了 C 不想上课

④ A 日本人 B 中国人 C 韩国人

4 다음 주어진 문장과 관련 있는 문장을 고르세요.

A 民秀和张林一起去了老师的家。 B 怪不得他今天没来上课呢。
C 在韩国，老师都有自己的教研室。 D 不好意思，给你们添麻烦了。

① 不是去老师的家，而是去教研室。

② 你们俩怎么来了？

③ 原来他病了。

④ 哪儿的话？

연습

5 다음 빈칸에 들어갈 알맞은 단어를 고르세요.

보기

A 哪儿　B 不是　C 原来　D 怎么

① 他 ________ 教授，而是医生。

② ________ 的话？太客气了。

③ ________ 中国和韩国不一样啊。

④ 你们俩 ________ 来了？

6 다음 질문에 알맞은 답을 고르세요.

① 民秀拜访了张林老家。所以他准备了韩国的特产——高丽人参糖，请张林的父母品尝品尝。

★ 民秀拜访张林家时，准备了什么？

A 人参　B 高丽人参　C 高丽人参唐

② 民秀说，在韩国，老师一般都有自己的教研室，所以这是他第一次来老师家拜访。他觉得中国和韩国不一样。

★ 民秀拜访了老师家几次？

A 第一次　B 第二次　C 第三次

③ 在中国，如果学生要拜访老师的话，会去老师家。在韩国，如果学生要拜访老师的话，不是去老师的家，而是去教研室。

★ 在韩国，学生要拜访老师时，去哪儿？

A 老师的家　B 教研室　C 教室

7 본문 회화를 참고하여 친구 집에 방문할 때 쓰이는 대화를 해 보세요.

① 韩国的特产

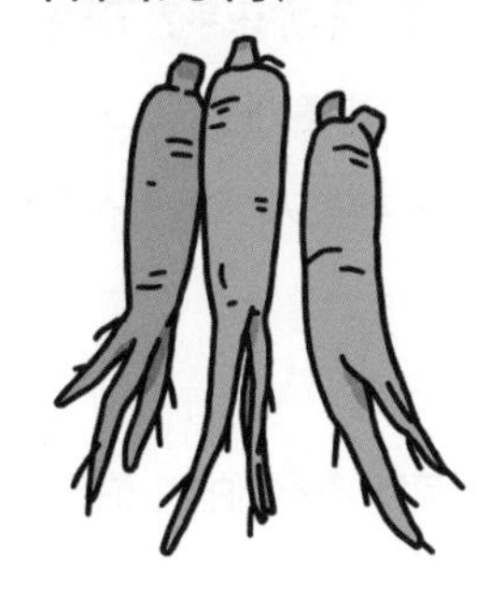

② 韩国的泡菜

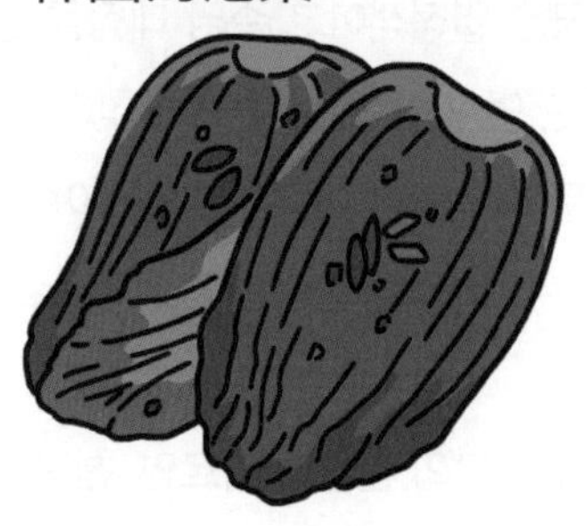

③ 茶具

④ 今天买来的鲜花

참고대화

A: 不好意思，给你们添麻烦了。
B: 哪儿的话？快这边儿坐。
A: 一点儿心意，请你们收下吧。
B: 那好吧。谢谢。

'손님 됨'의 예절

중국은 열정적이고 손님 대접을 좋아하는 나라이다. '有朋自远方来，不亦乐乎？'라는 옛말도 있듯, 먼 곳에 있는 친구가 찾아오면 기쁜 것은 당연하다. 만약 친구의 초대를 받고 친구 집에 방문하게 되면 어떻게 행동해야 할까? 우선 친구 가족들을 어떻게 부를지, 어떤 선물을 가져가는 것이 적당한지는 기본적으로 알아두어야 한다.

중국 사람의 관습에 따르면, 친구의 아버지, 어머니는 각각 叔叔, 阿姨 혹은 伯父, 伯母 라고 부르고, 친구의 형제 · 자매들은 바로 이름을 불러도 된다.
중국 사람에게 보내는 선물에는 전통 차, 술, 간식, 과일 외에, 신선한 꽃이나 초콜릿 등이 있는데, 중국 사람은 짝수를 좋아하기 때문에 선물할 때는 가능하면 짝수로 맞춰서 하는 것이 더 좋다.

중국 사람은 선물을 받을 때 보통 한 두 번은 사양한다. 그 이유는 사양도 하지 않고 덥석 받으면 체면을 손상한다고 생각하기 때문이다. 또한 서양인과 달리 앞에서 바로 개봉해보지 않는 것도 예의 중의 하나라고 한다.

중국인 친구에게 선물을 할 때 반드시 주의할 것은, 바로 피해야 할 선물이다. 가장 대표적인 것으로는 시계와 우산이 있는데, 그 이유는 '시계를 보내다'는 '장례를 치르다'와 발음이 똑같기 때문이다. 또한 중국 친구들 사이에서 우산이나 양산도 금기 선물인데, 그 이유는 우산 또는 양산을 뜻하는 단어 伞은 '헤어지다'와 발음이 비슷하기 때문이다. 그러므로 평소 중국인 친구에게 선물을 할 때는 이에 주의하는 것이 좋다.

짝수	双数 shuāngshù	우산	雨伞 yǔsǎn
시계를 보내다	送钟 sòng zhōng	양산	阳伞 yángsǎn
장례를 치르다	送终 sòng zhōng	헤어지다	散 sàn

12

复习 7~11 课

복습 7~11과

학습 목표

① 7 ~ 11과에서 배운 필수 단어와 회화 표현을 확인하고 복습한다.

필수 단어

① 방향보어

12-01

(1) 간단방향보어

来 lái 오다

去 qù 가다

上 shàng 위

下 xià 아래

进 jìn 들어가다

出 chū 나오다

回 huí 돌아가다

过 guò 건너가다

起 qǐ 일어나다

(2) 복합방향보어

上来 shànglai 올라오다

上去 shàngqu 올라가다

下来 xiàlai 내려오다

下去 xiàqu 내려가다

进来 jìnlai 들어오다

进去 jìnqu 들어가다

出来 chūlai 나오다

出去 chūqu 나가다

回来 huílai 되돌아오다

回去 huíqu 되돌아가다

过来 guòlai 다가오다

过去 guòqu 보내다

起来 qǐlai 시작하다

② 성격 및 얼굴 표현

▶ 12-02

愁眉苦脸 chóuméi kǔliǎn 우거지상	外向 wàixiàng 외향적이다
内向 nèixiàng 내성적이다	严肃 yánsù 엄숙하다
不高兴 bù gāoxìng 기쁘지 않다	怒气 nùqì 화내다
福相 fúxiàng 복스러운 얼굴	年轻 niánqīng 젊어 보이다
娃娃相 wáwa xiàng 앳된 얼굴	媚笑 mèixiào 요염하게 웃다
愠怒 yùnnù 화내다	稚笑 zhìxiào 천진난만한 웃음
开朗 kāilǎng 명랑하다	

③ 동사 & 형용사

▶ 12-03

好好 hǎohāo 잘, 제대로	新奇 xīnqí 신기하다
适合 shìhé 적합하다	拥挤 yōngjǐ 붐비다
有趣 yǒuqù 재미있다	简练 jiǎnliàn 간결하다
可惜 kěxī 아쉽다	影响 yǐngxiǎng 영향을 주다
相中 xiāngzhòng 마음에 들다	具体 jùtǐ 구체적인
相反 xiāngfǎn 상반되다	相处 xiāngchǔ 함께 지내다
聊天 liáotiān 잡담하다	布置 bùzhì 안배하다
顾不上 gù bu shàng 생각도 할 수 없다	当成 dàngchéng ~으로 여기다
品尝 pǐncháng 맛을 보다	拜访 bàifǎng 방문하다
紧张 jǐnzhāng 긴장하다	新鲜 xīnxiān 새롭다

필수 회화

❶ 약속 잡기

▶ 12-04

A 你明天有空吗？咱们一起去中央大街玩儿吧。

B 我明天上午有课，下午没什么事儿。

A 那么，咱们下午一起去中央大街玩儿吧。

B 好呀，我正想找机会逛逛去。

❷ 서점에서 책 보기

▶ 12-05

A 这本书的课文内容比较有趣儿！

B 我看看，可不是嘛，除了会话比较简练以外，练习题也比较全面。

A 那你先看着吧，我过去看看电子图书。

B 那你先去啊，我们一会儿见！

❸ 룸메이트의 성격 이야기하기

▶ 12-06

A 你和你室友相处得怎么样啊？

B 不错。她为人很好，而且还很外向。

A 那你们经常在一起做什么呢？

B 一起聊天，一起玩儿，什么都做。

④ 기말고사 일정 말하기

12-07

A 我们什么时候开始考试？

B 下星期开始考试。准备得差不多了吧？

A 哪里，我最近一直在忙着赶作业，顾不上看书。

B 那可不行，考试是最重要的。

⑤ 친구 집 방문하기

12-08

A 我给你介绍。这是我爸，这是我妈。爸、妈，这是民秀。

B 叔叔、阿姨，你们好。不好意思，给你们添麻烦了。

A 哪儿的话？太客气了，来，快这边儿坐。

B 这是韩国的特产，高丽人参糖。请你们品尝品尝。

단어 익히기

1 다음 빈칸에 알맞은 단어를 써서 퍼즐을 완성하세요.

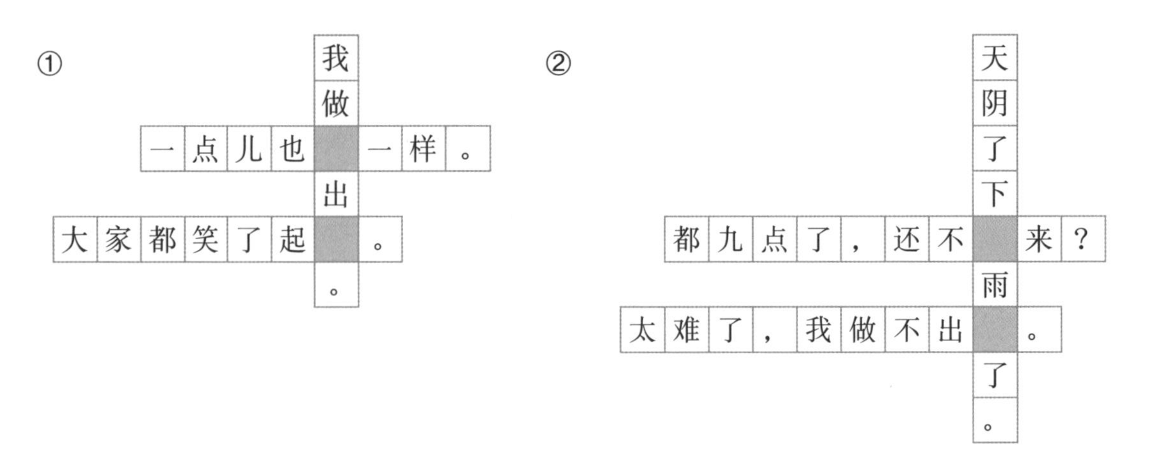

2 다음 중국어와 한국어의 뜻을 알맞게 연결하세요.

① 紧张 ● ● 영향을 주다

② 影响 ● ● 마음에 들다

③ 相中 ● ● 긴장하다

3 게임해 보세요.

게임방법
- 배운 단어를 적어 넣고 중국어로 말합니다. (필수 단어 참조)
- 불려진 단어를 하나씩 체크하여 먼저 세 줄을 연결하면 "빙고"를 외칩니다.

회화 익히기

1 다음 주어진 그림과 제시어를 참고하여 대화를 만들어 보세요.

① 약속 잡기

제시어

上午 / 下午 / 太阳岛 / 不见不散

첫 문장

A 你明天有空吗?

② 서점에서 책 보기

제시어

教材 / 除了……还 / 趁 / 顺便 / 电子图书

첫 문장

A 今天咱们去逛逛书店怎么样?

③ 룸메이트에 대해 이야기하기

제시어

别提了 / 没睡好 / 怎么了 / 生活习惯

첫 문장

A 看你一脸愁眉苦脸的样子，怎么回事?

④ 서둘러 숙제하기

제시어

报告 / 都……了 / 布置 / 加油

첫 문장

A 你最近一直在图书馆里，是在复习吗?

⑤ 선생님 댁 방문하기

제시어

韩国 / 教研室 / 原来 / 不一样

첫 문장

A 老师，我还是第一次来老师家拜访呢。

쓰기 연습하기

1 다음 문장을 읽고 우리말을 중국어로 바꾸어 보세요.

민수는 ① ________ (우거지상을 한) 장린의 얼굴을 보고 무슨 일이 있냐며 묻는다.

장린은 ② ______ (말도 마라) 며, 생활습관이 ③ ______________ (전혀 달라) 잠을 못 잤다고 했다.

민수는 장린에게 곧 ④ ____ (시험) 인데, 시험 준비가 ⑤ ______ (거의 다 됐냐고) 고 묻는다.

교재를 사기 위해 민수는 주말에 ⑥ ____ (서점) 에 가자고 하고,

장린은 서점에 가면 ⑦ ________ (전자도서) 를 봐야겠다고 한다.

⑧ ________ (기말고사) 가 끝나자, 장린은 민수를 자신의 집에 초대하였고,

부모님께 ⑨ ____ (소개) 한다. 민수는 ⑩ __________ (한국 특산품) 인 고려인삼을 드리며,

한 번 ⑪ ________ (맛 보시라고) 한다.

장린의 엄마는 뭘 이런 걸 사왔냐고 하셨지만, 민수는 ⑫ __________ (작은 성의) 라며 받으시라고 한다.

스마트 중국어

부록

· 정답 및 듣기 대본
· 본문 해석
· 단어 색인

01 你选了几门课?

확인문제

p19

❶ ① 今天热什么啊！
② 这件事他知道什么啊！
③ 她是什么美女啊！

❷ ① 凉快什么啊
② 唱什么啊
③ 什么朋友啊

p20

❶ ① 让 / 过来 ② 让 / 学校 ③ 让 / 生气

❷ ① 让我过去。
② 他让我很伤心。
③ 他的话让我很感动。

p21

❶ ① 要迟到了 ② 赢了 ③ 经常打

❷ ① 看来他不会来了。
② 看来他汉语说得很好。
③ 看来你去过中国。

p22

❶ ① 跑来跑去 ② 游来游去 ③ 走来走去

❷ ① 踢来踢去 ② 想来想去 ③ 唱来唱去

p23

❶ ① 去图书馆学习 ② 去咖啡厅
③ 食堂在哪儿

❷ ① 顺便帮我买一瓶果汁
② 顺便帮我也买一个
③ 顺便去看了电影

연습

p25

❶ ① D ② B ③ A ④ C

| 녹음 | ① 女：选课真让人头疼。
男：看来你还没选好啊。
② 女：你在这儿看书吗？
男：对，妈妈让我努力学习。
③ 女：你买的水果真多啊！
男：多什么啊！两天就都吃完了。
④ 女：你为什么总去那家饭店啊？
男：吃来吃去，还是那家饭店最好吃。

❷ ① ✓ ② × ③ ✓ ④ ✓

| 녹음 | ① 我选了五门课。大家差不多都选了六门课。
② 我去年去北京开会的时候，顺便去了长城。
③ 选来选去，还差两个学分。
④ 我选了四门必修课，两门选修课。

❸ ① B ② C ③ B ④ A

| 녹음 | ① 男：这学期你选了几门专业课？
女：我选了六门。
问：女的选了几门专业课？
② 女：你选的都是必修课吗？
男：不全是。四门必修课，一门选修课。
问：男的选的选修课是几门？
③ 男：你选了专业课了吗？
女：想来想去，不知道什么专业最好。
问：女的选了专业课了吗？
④ 女：太阳出来了，看来下午不会下雨了。
男：那太好了，我没带雨伞。
问：下午会下雨吗？

❹ ① C ② A ③ D ④ B

❺ ① B ② A ③ D ④ C

❻ ① B ② B ③ C

02 我想开一个帐户。

확인문제

p34

❶ ① 你不用/不必告诉我怎么做。
② 你不应该/不该吃早饭。
③ 他不应该/不该去学校上课。

❷ ① 我不用在这儿等他。
② 你该给我打个电话。
③ 下课以后我得去看一个朋友。

p36

❶ ① 把空调　② 把花送给　③ 把自行车

❷ ① 我把牛奶喝完了。
② 妈妈把菜做好了。
③ 你把这件衣服洗一下。

p37

❶ ① C　② B　③ D

❷ ① 我还没到学校。
② 我还在中国。
③ 我还想去。

연습

p39

❶ ① B　② A　③ C　④ D

| 녹음 | ① 男：刚才取的钱呢？
女：我把它放进钱包里了。
② 男：请问，这里能换钱吗？
女：可以，您要怎么换？
③ 男：我还想申请一张银行卡。
女：好，请等一下。
④ 男：现在的汇率是多少？
女：现在的汇率是1:179。

❷ ① ×　② ×　③ ✓　④ ✓

| 녹음 | ① 我想开一个活期的账户。职员说还需要手续费。
② 我得填一张开户申请书。
③ 除了存折，我还想申请银行卡。
④ 我想把韩币换成人民币。

❸ ① B　② C　③ B　④ A

| 녹음 | ① 男：我们明天去看电影吧！
女：不行，我要去换钱，我得去银行。
问：女的要去哪儿？
② 男：我想开一个账户。把开户申请书填好了。
女：您把身份证给我。
问：男的还需要什么？
③ 男：你还要别的吗？
女：我还要买一个西瓜和苹果。
问：女的不需要什么？
④ 男：我得付手续费吗？
女：对，您得付一点儿手续费，二十块钱。
问：男的得付多少手续费？

❹ ① A　② D　③ B　④ C

❺ ① C　② D　③ B　④ A

❻ ① C　② C　③ A

03 学打太极拳。

확인문제

p48

❶ ① 我妹妹不仅学习好，而且非常漂亮。
② 今天的考试不仅难，而且题多。
③ 今天不仅热，而且没有风。

❷ ① 好看　② 人也很多　③ 难写

p50

❶ ① 我没请朋友帮我学习汉语。
② 他没叫我明天早点来。
③ 学校没让我们考新HSK四级。

❷ ① 他请我吃饭了。
② 公司将派他去中国。
③ 老师叫我去了办公室。

p51

❶ ① 听得懂　② 找不到　③ 吃不完

❷ ① 汉语太难了，我学不好。
② 你听得见下雨的声音吗？
③ 放心吧，我考得上大学。

p52

❶ ① 要是昨天预定就好了。
② 要是早上早点起床就好了。
③ 要是带雨伞就好了。

❷ ① 要是来之前打个电话就好了。
② 要是我有很多钱就好了。
③ 要是好好儿复习就好了。

p53

❶ ① A　② C　③ A

❷ ① 为什么你就是不相信我呢？
② 我相信他一定会来的。
③ 老师相信了我的话。

연습

p55

❶ ① D　② B　③ C　④ A

|녹음| ① 男：这件衣服怎么样？
女：这件衣服要是我的就好了。
② 女：你会开车吗？
男：我不但会开车，而且还会修车呢！
③ 女：今晚有时间吗？
男：怎么了？想请我吃饭吗？
④ 男：你有什么事吗？
女：我想请你陪我去书店。

❷ ① ✓　(2) ×　(3) ×　(4) ✓

|녹음| ① 西瓜不仅个儿大，而且非常甜。
② 老师让我去办公室。
③ 我找到手机了。
④ 要是我有钱就好了，那我就买房子了。

❸ ① C　② C　(3) A　(4) B

|녹음| ① 女：你坐在这里干什么呢？
男：哥哥让我看着行李。
问：男的为什么坐在这儿呢？
② 男：一起出去玩儿吧。
女：我妈妈不让我出去，她让我在家学习。
问：女的为什么在家？
③ 女：考试没及格呀？
男：是啊，昨天要是好好儿复习就好了。
问：男的及格了吗？
④ 女：你看中国电影的时候，全都听得懂吗？
男：我只能听得懂70%，剩下的30%听不懂。
问：男的听力怎么样？

❹ ① C　② D　③ A　④ B

❺ ① D　② C　③ B　④ A

❻ ① A　② B　③ A

04 我周末要搬家。

확인문제

p64

❶ ① 尽管吃　② 尽管提　③ 尽管走

❷ ① 需要我帮忙的话

② 这些都是我的书
③ 今天我请客

p66

❶ ① 我没去北京学习汉语。
② 我去年没坐船去中国。
③ 张林星期六不来帮忙。
❷ ① 他回家吃饭了。
② 他想用汉语会话。
③ 他去图书馆学习了。

p67

❶ ① 听听　② 找找　③ 学学
❷ ① 我昨天练口语了。
② 请你来介绍吧。
③ 我们一起去问张林吧。

p68

❶ ① C　② B　③ A
❷ ① 你就叫我张林吧。
② 下个星期一就是中秋节了。
③ 照片里的那个人就是王老师。

p69

❶ ① 妈妈，你干吗给哥哥那么多钱?
② 张林，你干吗一个人吃饭?
③ 今天怎么这么冷?
❷ ① 说对不起　② 不早点起床　③ 问我

연습

p71

❶ ① B　② D　③ A　④ C

| 녹음 | ① 女：为什么还没到，这条路对吗?
男：你尽管放心，我对这里非常熟悉。
② 女：你穿的衣服真漂亮!
男：是吗? 就是昨天买的。
③ 女：我的手机丢了。
男：我帮你找找吧。
④ 女：这里有很多菜，尽管点吧。
男：我要烤鸭，你呢?

❷ ① ×　② ×　③ ✓　④ ×

| 녹음 | ① 我想找个中国朋友一起住，
这样可以经常用汉语会话。
② 这个周末我打算去书店买书。
③ 书店就在图书馆后面。
④ 不用担心，你尽管去吧。

❸ ① C　② B　③ A　④ C

| 녹음 | ① 男：你知道这件事的原因是什么?
女：我不知道，你干吗问我?
问：女的知道这件事吗?
② 女：你一个人干吗点这么多菜?
男：都是我想吃的菜。
问：男的为什么点了很多菜?
③ 女：汉语很有意思，我想好好学学。
男：我帮你找一个中国朋友。
问：女的想干什么?
④ 男：这位是?
女：我来介绍介绍，这位是新来的王老师。
问：这位是谁?

❹ ① B　② D　③ A　④ C

❺ ① B　② A　③ D　④ C

❻ ① C　② B　③ A

05 我爱我家。

확인문제

p80

❶ ① 另一杯是没放糖的
② 另有想法
❷ ① 我买了两支笔，一支给了弟弟，另一支给了妹妹。
② 这个计划不成功的话，我们还另有计划。

p81

❶ ① 好多了　② 方便多了　③ 多多了

❷ ① 哥哥的围巾比我的长多了。
② 姐姐画的画儿比我画的漂亮多了。
③ 我现在比以前跑得快多了。

p82

① 我都去过　② 都没有　③ 都行

연습

p84

❶ ① C　② A　③ B　④ D

|녹음| ① 女：你喜欢什么运动？
男：羽毛球啊、网球啊、壁球啊，都喜欢。
② 女：你喜欢什么动物？
男：狗啊、猫啊、鸟啊，什么都喜欢。
③ 女：你喜欢什么饮料？
男：茶啊、牛奶啊、咖啡啊，都喜欢。
④ 女：你喜欢什么样的书啊？
男：小说啊、诗歌啊、散文啊，都喜欢。

❷ ① ×　② ×　③ ×　④ √

|녹음| ① 他的房间比我的大多了。
② 妹妹比我高多了。
③ 吃了药后，我的身体好多了。
④ 那儿的天气比这儿凉快多了。

❸ ① A　② B　③ C　④ A

|녹음| ① 女：很久没看见你来学校。最近有什么事吗？
男：我感冒了，吃药以后，我的身体比以前好多了。
问：男的最近为什么没来学校？
② 男：你去过中国的哪个城市？
女：北京啊、上海啊、广州啊，那些大城市我都去过。
问：女的没去过什么城市？
③ 女：这个菜好吃吗？
男：这个菜不好吃，我们另点一个吧。
问：男的觉得这个菜怎么样？
④ 女：你的书包里有什么东西？
男：我的书包里书啊、笔啊、词典啊，都有。
问：男的书包里没有什么？

❹ ① B　② C　③ D　④ A

❺ ① C　② B　③ A　④ B

❻ ① B　② C　③ C

06 复习 1~5 课

단어 익히기

p94

❶ ①

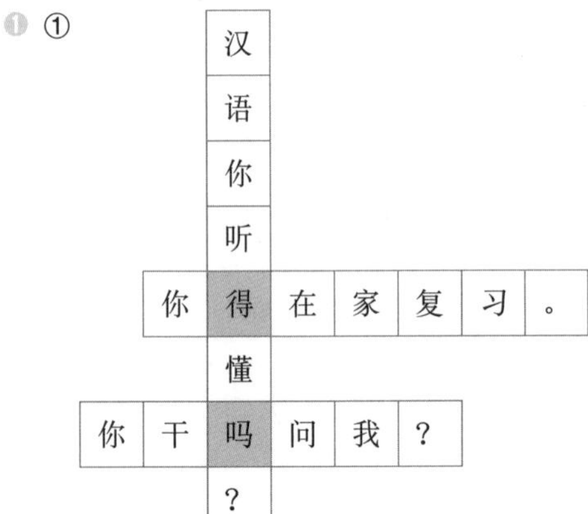

②

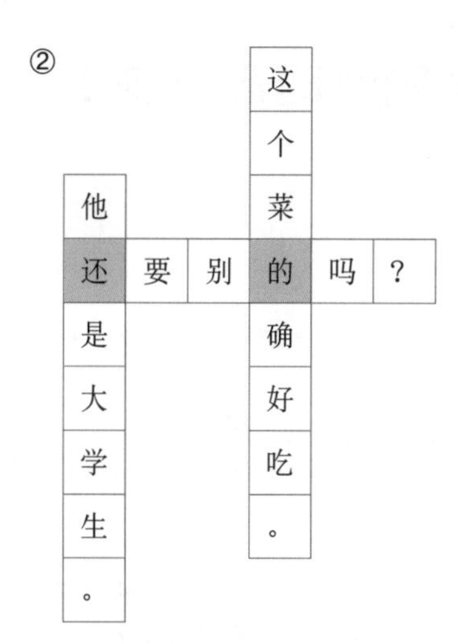

❸
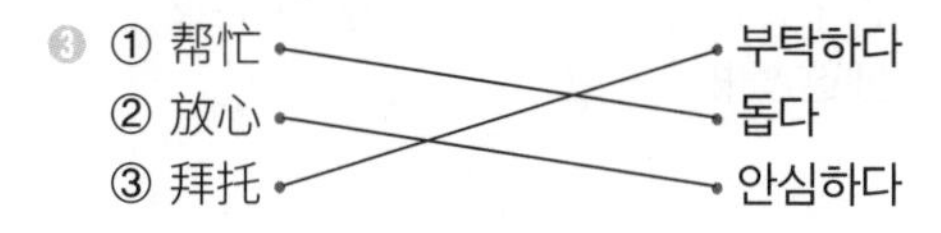

회화 익히기

p95

❶ **수강 신청하기**

A：你的课选得怎么样了?
B：真让人头疼。还差两个学分。
A：选韩国文化方面的吧。
B：好主意!

❷ **계좌 개설하기**

A：我想在银行开一个账户。需要什么?
B：您得填一张开户申请书。
A：还要别的吗?
B：请您把身份证给我。

❸ **좋아하는 드라마 보기**

A：你在看什么电视剧呢?
B：我在看中国电视剧。
A：中文台词全都听得懂吗?
A：要是全都听得懂就好了!

❹ **이사 계획하기**

A：我打算这个周末搬家。
B：需要我帮忙的话，尽管说。
A：那就麻烦你了。
B：朋友间这么客气干吗!

❺ **학교 밖 아파트에서 생활하기**

A：听说你找到房子了，房租一定很贵吧?
B：一个月的房租是五千块钱。另交一个月的押金。
A：有没有不方便的?
B：房子附近有便利设施，所以没什么不方便的。

쓰기 연습하기

p96

① 几门课　② 热门
③ 帐户　④ 开户申请书
⑤ 存折　⑥ 太极拳
⑦ 韩国电视剧　⑧ 宿舍
⑨ 搬家　⑩ 室友

07 明天我们去逛街吧!

확인문제

p103

❶ ① 介绍介绍　② 听听　③ 洗洗
❷ ① 他想了想说:“还是你去吧! ”
② 我们研究研究。
③ 我们聊聊天吧。

p106

❶ ① 上　② 下　③ 起
❷ ① 我已经下定决心了。
② 天阴下来了，也许会下雨。
③ 传统应该好好保持下去。

연습

p108

❶ ① A ② D ③ C ④ B

|녹음| ① 女：你看见我的小猫了吗？
男：那不是刚才进房间来了吗？
② 男：现在几点了？
女：已经7点了，我们回去吧。
③ 女：你尝尝这个菜吧。
男：这是鱼吗？看来很好吃。
④ 女：你在哪儿呢？我们都在找你呢。
男：我早就爬到山顶上来了。

❷ ① × ② ✓ ③ ✓ ④ ×

|녹음| ① 王校长走进小礼堂来了。
② 他的要求给我带来了困难。
③ 观众走进剧场了。
④ 他回学校来了。

❸ ① A ② C ③ B ④ B

|녹음| ① 男：你要是知道这件事，给我谈一谈。
女：这件事我也不知道。
问：男的想做什么？
② 女：你看见张林了吗？
男：我刚下来，张林正在楼上和民秀说话呢。
问：张林现在可能在哪儿？
③ 男：我们一起去书店看看书吧。
女：我们可不可以先去饭馆儿吃饭呢？
问：女的想去哪儿？
④ 女：我们去校园散散步吧。
男：还是去公园吧。
问：他们要去哪儿？

❹ ① B ② A ③ C ④ D

❺ ① D ② B ③ A ④ C

❻ ① B ② A ③ C

08 周末我们逛逛书店吧！

확인문제

p118

❶ ① 除了一条裙子，她还买了两条裤子、几顶帽子。
② 我除了北京，别的地方都没去过。
③ 张林除了星期六，周一到周五都不能来帮忙。

p119

❶ ① 说一遍 ② 听一遍 ③ 好几遍

❷ ① 我很喜欢这本书，已经看了两遍了。
② 我说了好几遍了，你为什么还不明白？
③ 请把这本书读一遍。

p120

❶ ① B ② C ③ A

p121

❶ ① 琴声一响，孩子们就唱了起来。
② 每到这个时候，我就想起他的名字来。
③ 我们的生活一天比一天好了起来。

❷ ① 请你把这些饼干包起来。
② 他好像想起来了以前的事情。
③ 这两天他又咳嗽起来。

연습

p123

❶ ① A ② B ③ D ④ C

|녹음| ① 男：我们要翻译的是这些书，请你看一遍。
女：好的。
② 女：你要搬家吗？
男：对，行李包起来很多。
③ 女：你去过哪个地方？
男：我就去过北京，没去过别的地方。
④ 男：除了这些东西，还要买别的吗？
女：我还要买水果。

❷ ① ✓ ② × ③ ✓ ④ ×

| 녹음 | ① 这部电影真不错，我都看了好几遍了。
② 除了我以外，几位留学生也去了。
③ 天已经黑了，于是我们只好回家。
④ 民秀，你不是不饿吗？怎么现在又吃起来了？

❸ ① A ② A ③ B ④ C

| 녹음 | ① 女：除了鸡蛋，其他的全都买了。
男：我以为你没买水果呢。
问：女的没买什么？
② 男：今天老师留的作业是什么？
女：是把课文抄写两遍。
问：男的要把课文抄写几遍？
③ 女：那家饭店的菜非常好吃。于是我和朋友又去了。
男：以后带我去吧。我也想去。
问：男的去过那家饭店吗？
④ 男：这家食堂除了面条就是馒头，太不好吃了。
女：我也去过，真不好吃。
问：男的的意思是什么？

❹ ① D ② A ③ B ④ C

❺ ① D ② C ③ A ④ B

❻ ① C ② B ③ A

09 你室友性格怎么样？

확인문제

p133

❶ ① 他一脸生气的样子。
② 她一脸福相。
③ 他笑得很天真，一脸的娃娃相。

❷ ① 一脸严肃 ② 一脸惊讶 ③ 一脸媚笑

p134

❶ ① 他今天没有来，这是怎么回事？
② 怎么回事？谁把牛奶都喝光了？
③ 他很生气，不知怎么回事。

❷ ① 这到底怎么回事？
② 不知道怎么回事。
③ 见了面却装做不认识，这怎么一回事？

p135

❶ ① 一点儿也/都不明白
② 一点儿也/都不拘束
③ 一点儿也/都不听话

❷ ① 他一点儿也不开心。
② 她学习上一点儿都不努力。
③ 妈妈一点儿也不担心她。

p136

❶ ① 假如我长大，我想当老师。
② 假如我是一只小鸟，该有多好！
③ 假如我有钱，我就要买一辆跑车。

❷ ① 假如我会游泳
② 假如我有钱、有时间
③ 假如可以，我会选择法律系

p137

❶ ① 大家变化太大了，我认不出来。
② 她和她姐姐长得太像了，我差点儿分不出她来。
③ 我一下子说不出他的名字来了。

❷ ① 这对双胞胎长得太像了，我几乎分不出来。
② 这两条裙子都很漂亮，我挑不出来。
③ 电影和小说哪个更好，我说不出来。

연습

p139

❶ ① B ② C ③ A ④ D

| 녹음 | ① 女：你看，这个孩子。
男：一脸高兴的样子。
② 男：假如我是一只小鸟，该有多好！
女：我也是。
③ 女：看你一脸的不高兴，怎么回事？
男：我把钱包丢了。

④ 男：这个菜一点儿也不好吃。
女：是啊，太甜了。

❷ ① ✓ ② × ③ × ④ ×

|녹음| ① 这到底是怎么回事？
已经等了几个小时了。
② 我一点儿也不知道你在说什么。
③ 假如明天下雨，就不去爬山。
④ 他一脸严肃地说。

❸ ① B ② C ③ C ④ A

|녹음| ① 女：他一直在笑。
男：一脸高兴的样子，好像有什么喜事。
问：他怎么了？
② 男：约好的时间已经过了，还不出来，不知道怎么回事。
女：对啊，我们给他打电话吧。
问：他们怎么了？
③ 女：这个汉字太难了，我写不出来。
男：没关系，可以查下词典。
问：女的把汉字都写出来了吗？
④ 男：他的成绩怎么这么差？
女：他在学习上一点儿也不用功。
问：他怎么了？

❹ ① B ② A ③ D ④ C

❺ ① D ② A ③ C ④ B

❻ ① A ② C ③ B

10 我们什么时候开始考试？

확인문제

p148

❶ ① 火车都快开了，你还不动身？
② 事情都过去了，你还计较什么？
③ 都十二点了，你还玩电脑？

❷ ① 都夏天了。 — 你还穿得这么厚？
② 都上课了。 — 你们还在聊什么？
③ 都这么晚了。 — 你还不睡觉？

p149

❶ ① B ② B ③ C

❷ ① 我唱完了，该你唱了。
② 太晚了，我们该回去了。
③ 快六点了，他该来了。

p150

❶ ① 在家洗衣服 / 跟他去看电影
② 吃三明治 / 吃炸鸡

❷ ① 我宁可花很多钱买机票，也不愿意坐十个小时火车。
② 我宁可在家睡觉，也不愿意跟他出去玩。

p151

❶ ① 他没把邮票贴在信封上。
② 我不想把这件事忘了。
③ 别把书放在桌子上。

❷ ① 他没把书包放在椅子上。
② 你应该把这件事情告诉他。
③ 我不想把这件事情告诉他。

연습

p153

❶ ① A ② C ③ B ④ D

|녹음| ① 男：你该出发了吧？心情怎么样？
女：去澳大利亚旅行，高兴极了！
② 男：都十二点了，你还写什么报告？
女：我要做作业，累死了。
③ 女：我不知道把我的手提包放在哪里了。
男：你再想一想吧。
④ 男：我想吃辣的。
女：我宁可吃汉堡包，也不吃辣的了。

❷ ① × ② ✓ ③ ✓ ④ ×

| 녹음 | ① 都九点了，还不起床？
② 我不想把书给他。
③ 我宁可写报告，也不要考试。
④ 学校快要考试了，你该加油了！

❸ ① A ② C ③ B ④ C

| 녹음 | ① 男：一定要把护照和身份证带上。
女：放心吧，都准备好了。
问：女的没带什么？
② 男：妈妈，现在几点了？
女：七点了，你该起床了！
问：现在几点？
③ 男：我们出去散步吧。
女：外面那么冷，我宁可在家里坐着也不出去。
问：男的想做什么？
④ 女：都九点了，还不起来？
男：今天是星期天，我想多睡一会儿。
问：今天星期几？

❹ ① C ② B ③ D ④ A

❺ ① A ② D ③ C ④ B

❻ ① C ② B ③ A

11 入乡随俗。

확인문제

p162

❶ ① 哪儿的话，一点儿心意。
② 哪儿的话，还差得远呢。
③ 哪儿的话，我们是朋友嘛。

❷ ① 你的汉语说得真好。
② 你做的菜真好吃。
③ 你的歌唱得真好听。

p163

❶ ① A ② B ③ A

❷ ① 你怎么一个人在这儿？
② 他怎么会在医院呢？
③ 照片怎么到他手里了？

p164

❶ ① C ② C ③ B

❷ ① 你会说汉语
② 长得和你这么像
③ 昨天你也没去上课呀

p165

❶ ① 不是为了玩儿 / 为了一起学习
② 不是护士 / 医生
③ 不是男孩 / 而是

연습

p167

❶ ① C ② A ③ D ④ B

| 녹음 | ① 男：你做的菜真好吃。
女：哪儿的话？我做菜的手艺不好。
② 男：你每天这么早就起来运动吗？
女：原来我不喜欢运动。
最近才开始的。
③ 男：你唱歌唱得怎么这么好听呢？
女：哪儿的话？我唱得不好。
④ 女：跳舞的人是女的吗？
男：不是女的，而是男的。

❷ ① ✓ ② × ③ ✓ ④ ✓

| 녹음 | ① 他不是教授，而是医生。
② 水怎么不热？
③ 原来他在中国住过，怪不得他的汉语这么好。
④ 你怎么来了？

❸ ① C　② A　③ B　④ C

|녹음| ① 男：你怎么吃得这么少?
女：不是为了别的，而是为了减肥。
问：女的为什么吃得少?
② 男：他一直不知道这件事吗?
女：不是不知道，而是不想告诉我们。
问：他为什么没说这件事?
③ 女：怪不得他今天没来上课呢，原来他病了。
男：我也刚知道。
问：他为什么没来上课?
④ 男：我以为你是中国人呢。原来你是韩国人。
女：我长得像中国人吗?
问：女的是哪国人?

❹ ① C　② A　③ B　④ D

❺ ① B　② A　③ C　④ D

❻ ① C　② A　③ B

12 复习 7~11 课

단어 익히기

p176

❶ ①

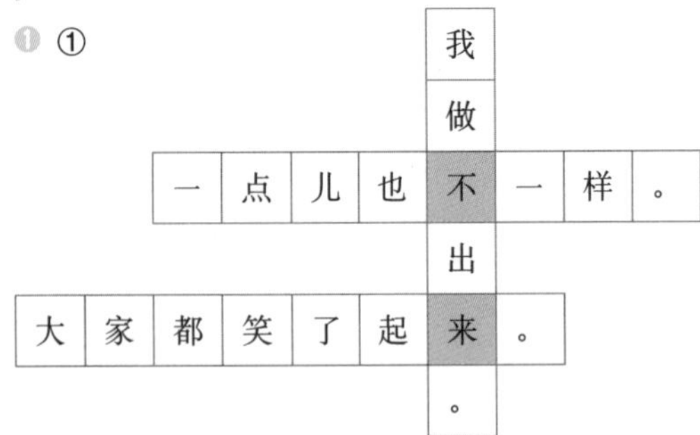

②

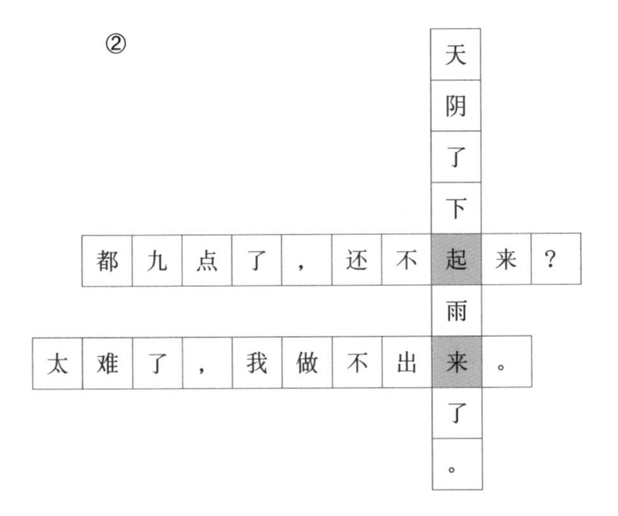

❸ ① 紧张　② 影响　③ 相中

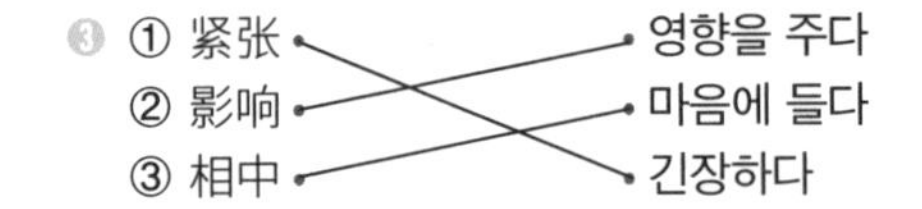

회화 익히기

p177

❶ 약속 잡기
A：你明天有空吗?
B：我明天上午有课，下午没什么事儿。
A：那么，明天咱们一起去太阳岛吧。
B：好的，不见不散。

❷ 서점에 책 사러 가기
A：今天咱们去逛逛书店怎么样?
B：你要买教材是吧?
A：对啊，除了买教材，还要买参考书什么的。
B：好吧，那趁这个周末我也去看看新出的书，顺便再看看电子图书好了。

❸ 룸메이트에 대해 이야기하기
A：看你一脸愁眉苦脸的样子，怎么回事?
B：哎，别提了。昨天晚上又没睡好。
A：啊? 怎么了? 有什么事吗?
B：我跟我室友的生活习惯一点儿也不一样。

❹ 서둘러 숙제하기
A：你最近一直在图书馆里，是在复习吗?
B：不是复习，是在赶一个报告。

A: 都期末考试了，还赶什么报告?
B: 语法课老师布置的作业。
A: 要考试了，你该加油了!

❺ **선생님 댁 방문하기**

A: 老师，我还是第一次来老师家拜访呢。
B: 在韩国，你们不去老师家拜访吗?
A: 老师一般都有自己的教研室。
B: 原来中国和韩国不一样啊。

쓰기 연습하기

p178

① 愁眉苦脸	② 别提了
③ 一点儿也不一样	④ 考试
⑤ 差不多	⑥ 书店
⑦ 电子图书	⑧ 期末考试
⑨ 介绍	⑩ 韩国的特产
⑪ 品尝品尝	⑪ 一点儿心意

본문 해석

01 你选了几门课?

#1 p15

장 린 이번 학기에 몇 개의 전공 과목을 수강 신청했니?

박민수 여섯 과목을 신청했어.

장 린 이렇게 많이?

박민수 많기는 뭘! 다들 거의 여섯 과목씩은 신청했을 거야.

장린 다 필수과목을 선택한 거야?

박민수 다는 아니야. 네 과목은 필수 과목이고, 두 과목은 선택 과목이야.

#2 p16

박민수 장린아, 수강 신청 어떻게 돼가니?

장 린 에이! 수강신청 때문에 정말 머리 아파.

박민수 아직 다 못했나 보구나.

장 린 응. 이것저것 신청해봐도, 아직 2학점이 부족해.

박민수 교양 과목 한 과목만 신청하면 되겠네.

장 린 어떤 과목이 비교적 인기가 있지? 추천 좀 해줘.

박민수 한국문화 관련 과목을 신청해 봐.

장 린 좋은 생각이야! 한국문화를 이해하면서 한국어도 연습할 수 있겠네.

#독해 p17

민수는 이번 학기에 전공 과목을 여섯 과목 신청했는데, 그 중 네 과목은 필수 과목이고, 두 과목은 선택 과목이다. 장린은 아직도 수강 신청을 끝내지 못했는데, 이것저것 신청해봐도 아직 2학점이 부족하여, 머리 아파한다. 민수는 장린에게 한국문화 관련 교양 과목을 선택하라고 제안했고, 장린은 한국문화를 이해하면서 한국어도 연습할 수 있을 것이라며 아주 좋은 생각이라고 생각했다.

02 我想开一个帐户。

#1 p31

박민수 안녕하세요? 계좌를 개설할까 합니다.

직 원 정기 예금이요 아니면 보통 예금이요?

박민수 보통 예금이요. 수수료가 필요한가요?

직 원 아니요, 그런데 신규계좌 개설 신청서를 작성해주셔야 합니다.

박민수 다 작성했습니다.

직 원 좋아요, 신분증 좀 주세요.

박민수 통장 외에 카드도 하나 신청할게요.

직 원 네, 잠시만 기다려 주세요.

#2 p32

박민수 말씀 좀 여쭐게요, 여기서 환전할 수 있나요?

직 원 가능합니다. 어떻게 하실 건가요?

박민수 원화를 인민폐로 바꾸려고 합니다.

직 원 알겠습니다. 얼마나 바꾸실 건가요?

박민수 천 위안으로 바꾸려고 하는데, 원화가 얼마나 있어야 하나요?

직 원 지금 환율이 1:179이니, 한국 화폐 179,000원을 지불하셔야 합니다.

박민수 아직 한국 돈을 못 찾았는데, 한국의 입출금 카드를 통해 계좌이체를 할 수 있나요?

직 원 물론입니다. 제게 카드를 주세요.

#독해 p33

민수는 은행에서 보통 예금 계좌를 개설했다. 그는 개설하기 전에 신규계좌 개설 신청서를 작성하고, 신분증을 직원에게 주었다. 통장 외에 민수는 입출금 카드도 하나 신청했다. 나중에 민수는 또 은행에 가서 환전을 했는데, 원화를 인민폐로 바꾸고자 했다. 그는 1,000위안의 인민폐가 필요했고, 그 때 환율은 1:179였다. 그래서 민수는 은행에 179,000

원을 지불했다.

03 学打太极拳。

#1 p45

박민수 장린아, 너 태극권 할 줄 안다며?
장 린 응. 할 줄 알 뿐만 아니라 정말 잘해.
박민수 너한테 태극권을 배우고 싶은데, 괜찮을까?
장 린 괜찮아. 언제부터 시작할까?
박민수 오늘부터 바로 시작하자. 두 달 안에 다 배우고 싶어.
장 린 걱정 마. 한 달 안에 다 배울 수 있게 해줄게.

#2 p46

장 린 민수야, 무슨 드라마 보고 있니?
박민수 양미 주연의 〈삼생삼세십리도화〉인데, 정말 재미있어.
장 린 확실히 재미있어. 중국어 대사는 전부 알아 들을 수 있어?
박민수 다 알아 들을 수 있으면 정말 좋지. 지금은 아직 70% 정도밖에 못 알아 들어.
장 린 나머지 30%는 (중국어 자막을) 보면 이해는 할 수 있지?
박민수 당연하지. 보는 데는 아무 문제 없어.
장 린 반년만 더 지나면, 너의 중국어 듣기 실력이 굉장히 향상될 거라 믿어.
박민수 그럼 네가 더 많이 도와줘야 해.

#독해 p47

민수는 최근 태극권이 좋아지기 시작했다. 장린이 태극권을 할 줄 안다는 소식을 듣고는 장린에게 가르쳐 달라고 했고, 장린은 바로 동의했다. 최근 민수는 태극권 외에 드라마 보는 것도 좋아하게 되었는데, 양미 주연의 〈삼생삼세십리도화〉를 재미있어 한다. 민수의 듣기 실력은 그다지 좋지 않아서 70%만 듣고 이해하고, 나머지 30%는 (중국어 자막을) 보고 이해한다. 장린은 반년만 더 지나면 민수의 중국어 듣기 실력이 크게 향상될 거라고 말했다.

04 我周末要搬家。

#1 p61

박민수 장린아, 나 좀 도와줄 수 있니?
장 린 내 도움이 필요하면, 얼마든지 말해.
박민수 룸메이트 한 명만 찾아줘.
장 린 학교 밖으로 이사 가려고?
박민수 응. 중국인 친구랑 같이 살면서 회화 연습을 좀 많이 할까 해.
장 린 좋아, 내게 맡겨.

#2 p62

박민수 장린아, 룸메이트 찾아줘서 고마워.
장 린 이 정도로 고맙긴 뭘. 괜찮은 방은 찾았어?
박민수 찾았어. 바로 학교 근처에 있어.
장 린 언제 이사할 거니?
박민수 이번 주 토요일.
장 린 토요일에 마침 시간이 비는데, 내가 가서 도와줄게.
박민수 그럼 부탁 좀 할게.
장 린 친구 사이에 이렇게 예의 차려서 뭐하게?

#독해 p63

민수는 줄곧 학교 기숙사에서 살았는데, 요즘 그는 학교 밖으로 이사를 가고 싶어한다. 그는 장린에게 룸메이트를 찾아달라고 부탁했다. 중국인 룸메이트와 함께 살면 회화 연습을 많이 할 수 있을 거라고 생각하기 때문이다. 민수는 학교 근처에 괜찮은(적당한) 방을 찾았고, 그는 이번 주 토요일에 이사를 할 생각이다. 장린도 마침 이번 주 토요일에 시간이 있어서, 가서 민수의 이사를 도와주려고 한다.

05 我爱我家。

#1 p77

장 린 듣자 하니 방을 구했다던데, 임차료가 분명 비싸겠지?

박민수 한 달 임차료는 5,000위안이고, 보증금으로 한 달 치 임차료를 지불해야 해.

장 린 그럼, 매달 드는 비용이 학교 안(기숙사)보다 훨씬 비싼 거 아니니?

박민수 임차료는 룸메이트와 상의해서 각각 절반씩 내기로 했어. 그래서 훨씬 저렴해.

장 린 그럼, 생활비는?

박민수 저녁은 집에서 직접 해먹고, 아침과 점심은 학교에서 먹을 생각이야. 따지고 보면 학교 안(기숙사)에서의 생활비와 비슷해.

#2 p78

장 린 내 작은 성의야. 이사한 것 축하해!

박민수 아주 예쁜 꽃이구나! 과용했네, 고마워.

장 린 별 말을 다하는구나. 집이 참 예쁘다.

박민수 그런대로 봐줄 만해. 내 집 같은 기분이 들어서 좋아.

장 린 그럼 됐어. 뭐 불편한 건 없니?

박민수 슈퍼마켓이랑 미용실이랑 세탁소 등이 모두 근처에 있어서 불편한 건 없어.

#독해 p79

민수는 원래 줄곧 학교 유학생 기숙사에서 살았는데, 최근 그는 학교 밖에 있는 방 하나를 임차했다. 방세가 기숙사보다는 조금 비싸지만, 중국인 친구 한 명과 함께 임차했을 뿐만 아니라, 집에서 저녁을 해먹기 때문에 생활비는 기숙사와 비슷하다. 민수의 집은 학교에서 가깝고, 근처에 슈퍼마켓, 미용실, 세탁소 등 편의 시설이 다 있다.

07 明天我们去逛街吧！

#1 p99

박민수 너 내일 시간 있니?

장 린 내일 오전에는 수업이 있고, 오후에는 별 일 없어.

박민수 그럼 우리 내일 함께 중앙대가에 놀러 가자.

장 린 좋아, 마침 나도 기회를 봐서 구경해보고 싶었어.

박민수 거기는 하얼빈에서 가장 '서구적 분위기'가 나는 거리라고 불리는데, 정말 이국적인 풍취가 넘쳐나.

장 린 '백문이 불여일견'이라고 했어. 내일 꼭 가서 구경해야지.

박민수 좋아, 꼭 만나.

#2 p100

장 린 여기가 바로 소피아 성당이야.

박민수 정말 웅장한 것이 유럽의 건축물 같다.

장 린 우리 모던(Morden) 아이스크림 먹으러 가자. 거기에 특별한 시럽 아이스크림도 있어.

박민수 정말 신기한걸, 꼭 맛 봐야겠어. 내가 살게.

장 린 이 거리엔 러시아 상점이 많아. 그리고 근처에 숭화장(송화강)도 있어. 배를 타고 타이양다오(태양도)에 도 갈 수 있지.

박민수 그럼 다음에는 우리 타이양다오에 놀러 가자.

#독해 p101

타이양다오는 송화강변에 위치하는데, 사면이 물이고 경치가 매우 수려해서, 사람들이 가장 좋아하는 피서지이다. 여름이 되면 천막과 양산이 끊임없이 이어지고, 강에는 수영하는 사람들로 가득하다. 타이양다오에는 20여 만 그루의 나무가 심어져 있으며, 라일락 정원, 장미 정원 그리고 별장, 양로원, 상점, 식당 등도 있다. 하얼빈 최대의 조경 풍치림이다.

08 周末我们逛逛书店吧!

#1 p115

박민수 장린아, 이번 주말에 우리 서점에 구경가는 게 어때?

장 린 너 교재 사려는 거지?

박민수 맞아, 교재 말고 참고서도 좀 사려고.

장 린 좋아, 그럼 나도 이번 주말에 새로 나온 책도 보고 그 참에 전자도서도 봐야겠어.

박민수 우리 어느 서점으로 갈까? 도서성으로 갈까 아니면 신화서점으로 갈까?

장 린 학교 근처의 도서성으로 가자. 거기 책이 우리가 보기에 비교적 적당하고 환경도 좋잖아.

#2 p116

장 린 이 책의 본문 내용이 정말 재미있어!

박민수 어디 보자, 정말 그렇네. 회화도 비교적 간결하고 연습문제도 비교적 전면적으로 다루고 있어.

장 린 넌 우선 좀 보고 있어. 난 저기 가서 전자도서 좀 볼게.

박민수 전자도서가 비교적 저렴하지? 잡지처럼 한 번 보고 버리면 얼마나 아깝니!

장 린 맞아. 근데 전자도서는 많이 보면 시력에 영향을 줄 거야.

박민수 그럼 너 먼저 가봐. 이따 보자!

#독해 p117

민수는 계절학기 수업을 들을 계획이어서 주말에 서점에 가려고 한다. 장린도 마침 시간이 되어서, 보고 싶었던 전자도서를 보고자 한다. 그들은 학교 근처의 도서성에 갔는데, 그 곳의 책이 비교적 그들이 보기에 적당하고 환경도 좋기 때문이다. 민수는 어떤 책을 마음에 들었는데, 회화부분을 읽어보니 꽤 재미있었다. 그 책은 민수가 중국어 실력을 높이는데 도움이 될 것이다.

09 你室友性格怎么样?

#1 p129

박민수 네 얼굴을 보니 수심이 가득한데, 무슨 일 있니?

장 린 아휴, 말도 마. 어젯밤에 또 잠을 못 잤어.

박민수 어? 왜? 무슨 일 있어?

장 린 나하고 룸메이트의 생활습관이 전혀 달라.

박민수 구체적으로 말해봐.

장 린 예를 들면, 내가 일찍 자고 일찍 일어나는 것을 좋아한다면, 내 룸메이트는 정반대야. 저녁에 공부하는 것을 좋아하고 종종 밤 늦게까지 공부하고 자.

#2 p130

장 린 민수야, 넌 네 룸메이트랑 어떻게 지내니?

박민수 잘 지내. 사람 됨됨이도 좋고 게다가 아주 외향적이야.

본문 해석

장 린 그래? 네가 말 안 해줬다면, 난 전혀 그렇게 안 봤을 거야.

박민수 맞아. 많은 사람은 그가 내성적일 거라고 생각하지만, 실제로 그는 외향적이야.

장 린 그러면 너희는 종종 함께 뭘 하니?

박민수 함께 이야기도 하고 놀기도 하고, 뭐든지 다 해.

장 린 나한테도 소개 좀 해줘.

박민수 문제 없어. 너희도 반드시 좋은 친구가 될 거야.

#독해 p131

장린과 그녀의 룸메이트는 생활습관이 전혀 다르다. 저녁에 장린이 잠을 잘 때, 그녀의 룸메이트는 늘 공부를 하여, 밤에 종종 장린을 잠 못들게 한다. 민수의 룸메이트는, 겉으로 보기에는 내성적이지만 실제로 그는 매우 외향적인 사람이다. 장린은 민수에게 그의 룸메이트를 자신에게 소개해 달라고 하고, 민수는 그들이 좋은 친구가 될 수 있을 거라고 생각하며 기쁘게 동의했다.

#2 p146

장 린 민수야, 우리 언제부터 기말고사니?

박민수 다음 주에 시작해. 준비는 거의 다 됐겠지?

장 린 무슨 소리! 요즘 계속 숙제 하느라 바빠서 책 볼 틈이 없었어.

박민수 그럼 안 돼, 시험이 제일 중요하잖아.

장 린 차라리 보고서를 쓰는 게 낫지, 시험은 보기 싫어.

박민수 시험은 우리가 배웠던 것을 다시 한 번 복습하게 해주니, 시험을 너무 부담스러워 하지 마.

장 린 나 너랑 수다 떨 시간 없어, 도서관 가야 해. 안녕!

#독해 p147

학교에서 곧 시험이 시작한다. 그러나 장린은 공부를 할 시간이 없었는데, 최근 계속 도서관에서 숙제를 하느라 바빠서 책 볼 틈이 없었기 때문이다. 그녀는 언제 시험을 보는지조차 몰랐다. 시험은 학생에게 있어 확실히 매우 큰 골칫거리이다. 그렇지만 시험을 통해서만이 비로소 학생들이 배웠던 것을 머릿속에 확실히 기억할 수 있다.

10 我们什么时候开始考试?

#1 p145

박민수 내가 보기에 너 요즘 계속 도서관에 있던데, 복습하는 거니?

장 린 복습하는 게 아니고, 보고서 쓰는 거야.

박민수 곧 기말고사인데, 무슨 보고서를 쓴다고?

장 린 어법 수업의 리우 선생님이 내주신 숙제야.

박민수 곧 시험인데, 너 분발해야겠다!

장 린 아 참! 기말고사가 언제부터 시작하지?

박민수 6월 15일부터 6월 21일까지야.

11 入乡随俗。

#1 p159

장 린 내가 소개해 줄게. 이 분은 우리 아빠, 이 분은 우리 엄마셔. 아빠, 엄마, 얘가 민수예요.

박민수 아저씨, 아주머니 안녕하세요? 번거롭게 해드려서 죄송합니다.

장린 아빠 별 소리를 다하는구나. 너무 어려워 말고 얼른 이쪽으로 와서 앉아라.

박민수 이것은 한국의 특산품인 고려인삼사탕이에요. 맛 좀 보세요.

장린 엄마 뭘 이런걸 사오고 그러니?

박민수 작은 성의니 받아주세요.
장린 엄마 그래, 고맙다.

#2 p160

박민수 말씀 좀 묻겠습니다. 여기가 이 선생님 댁입니까?
장 린 안녕하세요? 저희는 이 선생님 학생입니다.
이 선생님 아들 잠시만 기다리세요. 아버지, 학생이 찾아왔어요.
이 선생님 아, 너희 둘이 어떻게 왔니? 얼른 들어오너라.
박민수 이 선생님, 전 선생님 댁에 처음으로 와 보는 거예요.
이 선생님 한국에서는 선생님 댁을 방문하지 않니?
박민수 선생님께서는 보통 각자 연구실이 있으셔서, 저희는 연구실로 선생님을 찾아 봬요.
장 린 알고 보니 중국과 한국은 다르구나.

#독해 p161

민수는 중국인 친구 장린을 따라 장린의 고향 집에 다녀왔고, 그리고 함께 이 선생님 댁에도 갔다. 이번은 민수가 처음으로 선생님 댁을 방문하는 것이라, 긴장도 되고 신선하다고 느꼈다. 한국에서는 선생님들이 보통 자신의 연구실이 있기 때문에, 만일 학생이 선생님을 방문하려면 선생님 댁을 가는 것이 아니라 연구실에 가기 때문이다. 민수는 '로마에 가면 로마법을 따르는 것'이 좋다고 생각했다.

단어 색인

F

G

H

J

K

단어 색인

T

W

X

Y

단어 색인

Z

MEMO

MEMO

MEMO

MEMO

MEMO

MEMO

중국어뱅크

스마트 중국어

워크북

STEP 3

최신 개정

동양북스

중국어뱅크

중국어, 똑똑하게 배우자!

스마트 중국어

워크북

STEP 3

최신 개정

동양북스

01 본문 받아쓰기 & 스피킹 훈련

STEP 1 녹음을 들으며 빈칸에 알맞은 단어를 써 보세요.

1 W01-01

张林 这学期你________几门专业课?
Zhè xuéqī nǐ xuǎnle jǐ mén zhuānyè kè?

朴民秀 我选了六门。
Wǒ xuǎnle liù mén.

张林 这么多啊?
Zhème duō a?

朴民秀 ________啊！大家________都选了六门课。
Duō shénme a! Dàjiā chàbuduō dōu xuǎnle liù mén kè.

张林 你选的都是必修课吗?
Nǐ xuǎn de dōu shì bìxiū kè ma?

朴民秀 ________。四门必修课，两门________。
Bù quán shì. Sì mén bìxiū kè, liǎng mén xuǎnxiū kè.

2 W01-02

朴民秀 张林，你的课选得________?
Zhāng Lín, nǐ de kè xuǎn de zěnmeyàng le?

张林 哎！选课真________人________。
Āi! Xuǎnkè zhēn ràng rén tóuténg.

朴民秀 看来你还没选好啊。
Kànlái nǐ hái méi xuǎnhǎo a.

张林　是啊。________，还差两个学分。
Shì a.　Xuǎn lái xuǎn qù, hái chà liǎng ge xuéfēn.

朴民秀　你可以选一门________。
Nǐ kěyǐ xuǎn yì mén jiàoyǎng kè.

张林　什么比较________，推荐一下。
Shénme bǐjiào rèmén,　tuījiàn yíxià.

朴民秀　选韩国文化方面的吧。
Xuǎn Hánguó wénhuà fāngmiàn de ba.

张林　________！可以了解韩国文化，________练习韩语。
Hǎo zhǔyi!　Kěyǐ liǎojiě Hánguó wénhuà, shùnbiàn liànxí Hányǔ.

STEP 2 역할을 바꾸어 대화해 봅시다.

① A형 W01-03　　② B형 W01-04

☞ 녹음은 두 번 반복되어 나옵니다.
① A형에는 첫 번째 사람의 녹음이 비어 있습니다.
② B형에는 두 번째 사람의 녹음이 비어 있습니다.
녹음이 빈 부분에 자신의 목소리로 스피킹 연습을 해 보세요.
(매 과 본문 받아쓰기&스피킹 훈련의 STEP2 연습 방법은 동일하며,
연습 방법 설명은 1과에만 제시합니다.)

01 연습문제

1 다음 중국어 단어에 해당하는 한어병음을 연결하세요.

(1)	差不多 •	A	xuǎnkè
(2)	选课 •	B	ràng
(3)	让 •	C	tuījiàn
(4)	热门 •	D	chàbuduō
(5)	推荐 •	E	rèmén

2 다음 그림을 보고 빈칸에 알맞은 중국어를 써서 대화를 완성하세요.

张林　这学期你选了几门专业课?

朴民秀　我选了(1)______。

张林　你选的都是必修课吗?

朴民秀　不全是。(2)______必修课，(3)______选修课。
　　你选了几门专业课?

张林　我选了(4)______。(5)______必修课，(6)______选修课。

3 다음 내용을 보고 주어진 대화를 완성하세요.

나는 장린에게 수강 신청이 어떻게 되어가냐고 물어봤고, 장린은 수강 신청하는 게 정말 머리 아프다고 한다. 그래서 나에게 어떤 과목이 인기가 있는지 추천해 달라고 해서, 나는 한국문화 관련 과목을 추천해 주었다.

朴民秀　你的课选得怎么样了?

张林　哎，(1) ____________。(2) ____________，推荐一下。

朴民秀　选韩国文化方面的吧。

4 다음 한국어 문장을 중국어 문장으로 완성하세요.

(1) 다들 대부분은 여섯 과목을 선택했어.

…▸ ____________________

(2) 전부는 아니야. 네 과목은 필수 과목이고, 두 과목은 선택 과목이야.

…▸ ____________________

(3) 보아하니 넌 아직 선택을 다 못했구나.

…▸ ____________________

(4) 한국문화를 이해하는 김에 한국어도 연습할 수 있을 거야.

…▸ ____________________

5 다음 질문에 중국어로 대답해 보세요.

(1) 수강 신청을 할 때 보통 몇 과목을 신청하나요?

(2) 인기 과목에는 어떤 것들이 있나요?

02 본문 받아쓰기 & 스피킹 훈련

STEP 1 녹음을 들으며 빈칸에 알맞은 단어를 써 보세요.

① W02-01

朴民秀 您好！我想________一个________。
Nín hǎo! Wǒ xiǎng kāi yí ge zhànghù.

职员 您要开________的还是________的？
Nín yào kāi dìngqī de háishi huóqī de?

朴民秀 活期的。需要手续费吗？
Huóqī de. Xūyào shǒuxù fèi ma?

职员 不用，但您得填一张____________。
Bú yòng, dàn nín děi tián yì zhāng kāihù shēnqǐngshū.

朴民秀 我填好了。
Wǒ tiánhǎo le.

职员 好的，请您把________给我。
Hǎo de, qǐng nín bǎ shēnfènzhèng gěi wǒ.

朴民秀 ________存折，我还想________一张银行卡。
Chúle cúnzhé, wǒ hái xiǎng shēnqǐng yì zhāng yínhángkǎ.

职员 好，请等一下。
Hǎo, qǐng děng yíxià.

② W02-02

朴民秀 请问，这里能________吗？
Qǐngwèn, zhèli néng huànqián ma?

职员 ______，您要怎么换？
Kěyǐ, nín yào zěnme huàn?

朴民秀 我想______韩币______人民币。
Wǒ xiǎng bǎ hánbì huànchéng rénmínbì.

职员 好的，您要换______？
Hǎo de, nín yào huàn duōshao?

朴民秀 我想换1000元______，需要多少______呢？
Wǒ xiǎng huàn yìqiān yuán rénmínbì, xūyào duōshao hánbì ne?

职员 现在的______是1:179。
Xiànzài de huìlǜ shì yī bǐ yìbǎi qīshíjiǔ.

您需要______179000元韩币。
Nín xūyào fù shíqīwàn jiǔqiān yuán hánbì.

朴民秀 我还没______韩币，可以用韩国的______转帐吗？
Wǒ hái méi qǔ hánbì, kěyǐ yòng Hánguó de yínhángkǎ zhuǎnzhàng ma?

职员 可以，请把您的银行卡给我。
Kěyǐ, qǐng bǎ nín de yínhángkǎ gěi wǒ.

STEP 2 역할을 바꾸어 대화해 봅시다.

① A형 W02-03 ② B형 W02-04

02 연습문제

1 다음 중국어 단어에 해당하는 한어병음을 연결하세요.

(1)	帐户 •	A	shēnfènzhèng
(2)	申请书 •	B	shǒuxù fèi
(3)	身份证 •	C	zhànghù
(4)	存折 •	D	shēnqǐngshū
(5)	手续费 •	E	cúnzhé

2 다음 그림을 보고 빈칸에 알맞은 중국어를 써서 문장을 완성하세요.

(1) 我把＿＿＿＿＿＿＿＿＿＿。

나는 숙제를 다 했다.

(2) 我把＿＿＿＿＿＿＿＿＿＿。

나는 방을 다 정리했다.

(3) 我把＿＿＿＿＿＿＿＿＿＿。

나는 창문을 열었다.

(4) 我把＿＿＿＿＿＿＿＿＿＿。

나는 약을 먹었다.

3 다음 내용을 보고 주어진 대화를 완성하세요.

민수는 계좌를 개설하고자 하는데, 정기예금을 원한다. 직원은 민수에게 계좌개설신청서를 기입하라고 하고, 작성이 끝나자 민수는 입출금 카드도 신청하겠다고 한다. 직원은 민수에게 신분증을 달라고 한다.

朴民秀　您好！我想开一个(1)＿＿＿＿＿＿＿＿＿。

职员　您要开定期的还是活期的？

朴民秀　(2)＿＿＿＿＿＿＿＿＿的。

职员　您得填一张(3)＿＿＿＿＿＿＿＿＿。

朴民秀　我填好了。我还想申请一张(4)＿＿＿＿＿＿＿＿＿。

职员　好，请您把(5)＿＿＿＿＿＿＿＿＿给我。

4 다음 한국어 문장을 중국어 문장으로 완성하세요.

(1) 저는 계좌 하나를 개설하고 싶습니다. ⋯▸ ＿＿＿＿＿＿＿＿＿＿＿＿

(2) 당신의 신분증을 주세요. ⋯▸ ＿＿＿＿＿＿＿＿＿＿＿＿

(3) 계좌개설신청서를 다 기입하셨나요? ⋯▸ ＿＿＿＿＿＿＿＿＿＿＿＿

(4) 저는 원화를 인민폐로 바꾸고 싶어요. ⋯▸ ＿＿＿＿＿＿＿＿＿＿＿＿

5 다음 질문에 중국어로 대답해 보세요.

(1) 은행에는 보통 어떤 일로 가나요?

(2) 계좌를 개설할 때 어떤 절차가 필요한가요?

03 본문 받아쓰기 & 스피킹 훈련

STEP 1 녹음을 들으며 빈칸에 알맞은 단어를 써 보세요.

❶ ▶ W03-01

朴民秀　张林，听说你会打________。
Zhāng Lín, tīngshuō nǐ huì dǎ tàijíquán.

张林　是啊，________会打，而且很________。
Shì a, bùjǐn huì dǎ, érqiě hěn lìhai.

朴民秀　我想请你________我太极拳，可以吗？
Wǒ xiǎng qǐng nǐ jiāo wǒ tàijíquán, kěyǐ ma?

张林　没问题，什么时候________？
Méi wèntí, shénme shíhou kāishǐ?

朴民秀　________从今天开始吧，我想在两个月内就________。
Jiù cóng jīntiān kāishǐ ba, wǒ xiǎng zài liǎng ge yuè nèi jiù xuéhuì.

张林　________吧，我会让你在一个月内就学会的。
Fàngxīn ba, wǒ huì ràng nǐ zài yí ge yuè nèi jiù xuéhuì de.

❷ ▶ W03-02

张林　民秀，在看什么________呢？
Mínxiù, zài kàn shénme diànshì ne?

朴民秀　杨幂________的《三生三世十里桃花》，很有意思。
Yáng Mì zhǔyǎn de《Sānshēng sānshì shílǐ táohuā》, hěn yǒuyìsi.

张林　________很有意思。中文台词全都________吗？
Díquè hěn yǒuyìsi. Zhōngwén táicí quán dōu tīng de dǒng ma?

朴民秀　要是全都听得懂______。
Yàoshi quán dōu tīng de dǒng jiù hǎo le.

目前我只听得懂______________。
Mùqián wǒ zhǐ tīng de dǒng bǎifēn zhī qīshí zuǒyòu.

张林　剩下的30%应该______吧？
Shèngxia de bǎifēn zhī sānshí yīnggāi kàn de dǒng ba?

朴民秀　没错儿，看的时候一点儿问题也没有。
Méi cuòr, kàn de shíhou yìdiǎnr wèntí yě méiyǒu.

张林　______过半年，我______你的汉语听力一定会
Zài guò bàn nián, wǒ xiāngxìn nǐ de Hànyǔ tīnglì yídìng huì

大大______的。
dàdà tígāo de.

朴民秀　那你可得______帮忙了。
Nà nǐ kě děi duōduō bāngmáng le.

STEP 2 역할을 바꾸어 대화해 봅시다.

① A형 W03-03　　② B형 W03-04

03 연습문제

1 다음 중국어 단어에 해당하는 한어병음을 연결하세요.

(1)	左右 •	A	díquè
(2)	一定 •	B	zhǐ
(3)	只 •	C	dǒng
(4)	的确 •	D	zuǒyòu
(5)	懂 •	E	yídìng

2 다음 그림을 보고 빈칸에 알맞은 중국어를 써서 문장을 완성하세요.

民秀最近喜欢上了(1)________。听说张林(2)______会打，而且很(3)______。他就请张林教他，张林马上就(4)______了。

民秀想就从今天开始，他想在两个月内就学会。张林说：“你放心吧，我会(5)____你在一个月内就学会的。”

3 다음 내용을 보고 주어진 대화를 완성하세요.

민수가 삼생삼세십리도화라는 드라마를 보고 있는데, 매우 재미있다고 한다. 누가 주연했냐고 물으니 양미가 주연했다고 한다. 장린이 민수에게 중국어 대사를 모두 이해하냐고 물어보니, 70% 정도만 이해한다고 대답한다.

张林　你在看什么电视呢?

朴民秀　(1)__________，很有意思。

张林　谁主演的?

朴民秀　(2)__________主演的。

张林　中文台词(3)__________听得懂吗?

朴民秀　我只听得懂(4)__________。

4 다음 한국어 문장을 중국어 문장으로 완성하세요.

(1) 나는 당신에게 태극권을 가르쳐 달라고 부탁하고 싶습니다.

⋯▸ 我想__________我太极拳。

(2) 나는 한 달 안에 당신이 배워서 익히도록 할 수 있습니다.

⋯▸ 我会让你__________就学会的。

(3) 중국어 대사를 들으면 전부 이해할 수 있나요?

⋯▸ 中文台词__________吗?

(4) 그러면 당신이 많이 도와줘야 해요.

⋯▸ 那你可__________帮忙了。

5 다음 질문에 중국어로 대답해 보세요.

(1) 태극권에 대하여 들어보았거나, 할 수 있나요?

(2) 중국 영화나 드라마를 본 적이 있나요? 얼마나 이해할 수 있나요?

04 본문 받아쓰기 & 스피킹 훈련

STEP 1 녹음을 들으며 빈칸에 알맞은 단어를 써 보세요.

1 W04-01

朴民秀　张林，能________我一个忙吗？
Zhāng Lín, néng bāng wǒ yí ge máng ma?

张林　需要我帮忙的话，________说。
Xūyào wǒ bāngmáng dehuà, jǐnguǎn shuō.

朴民秀　帮我找一个________吧。
Bāng wǒ zhǎo yí ge shìyǒu ba.

张林　你想________到学校外面住吗？
Nǐ xiǎng bāndào xuéxiào wàimian zhù ma?

朴民秀　是啊。我想找中国朋友一起住，多________口语。
Shì a. Wǒ xiǎng zhǎo Zhōngguó péngyou yìqǐ zhù, duō liànlian kǒuyǔ.

张林　行，____________。
Xíng, bāo zài wǒ shēnshang.

2 W04-02

朴民秀　张林，谢谢你帮我找到了室友。
Zhāng Lín, xièxie nǐ bāng wǒ zhǎodàole shìyǒu.

张林　这点小事儿，________啊。
Zhè diǎn xiǎo shìr, xiè shénme a.

找到________的房子了吗？
Zhǎodào héshì de fángzi le ma?

朴民秀 找到了，______在学校______。

Zhǎodào le, jiù zài xuéxiào fùjìn.

张林 你打算什么时候______？

Nǐ dǎsuan shénme shíhou bānjiā?

朴民秀 就这个星期六。

Jiù zhège xīngqīliù.

张林 星期六我正好______，我去帮你吧。

Xīngqīliù wǒ zhènghǎo yǒu kòng, wǒ qù bāng nǐ ba.

朴民秀 那就______你了。

Nà jiù máfan nǐ le.

张林 朋友间这么客气______？

Péngyou jiān zhème kèqi gànmá?

STEP 2 역할을 바꾸어 대화해 봅시다.

① A형 W04-03 ② B형 W04-04

04 연습문제

1 다음 중국어 단어에 해당하는 한어병음을 연결하세요.

(1) 尽管 •		A héshì
(2) 合适 •		B gànmá
(3) 搬家 •		C jǐnguǎn
(4) 麻烦 •		D bānjiā
(5) 干吗 •		E máfan

2 다음 그림을 보고 빈칸에 알맞은 중국어를 써서 문장을 완성하세요.

民秀就在学校附近找到(1)______了。他打算这个星期六搬家。他想找中国朋友一起住多(2)______口语，所以让张林(3)______他找一个(4)______。

3 다음 내용을 보고 주어진 대화를 완성하세요.

민수는 이번 주 토요일에 이사를 가기로 했다. 장린은 마침 시간이 된다며 도와준다고 하고, 민수는 장린에게 회화 연습을 위해 중국인 룸메이트를 구해달라고 한다. 장린은 자신에게 맡기라고 한다.

朴民秀 我这个星期六打算(1)______。

张林 星期六我正好(2)______。

朴民秀 你帮我找一个室友吧，跟中国朋友一起住，多(3)________。

张林 行，(4)____________。

4 다음 한국어 문장을 중국어 문장으로 완성하세요.

(1) 저는 중국인 친구와 같이 회화 연습을 하고 싶어요.

→ 我想__________练练口语。

(2) 제 도움이 필요하면 마음껏 말해보세요.

→ 需要我帮忙的话，__________。

(3) 저는 학교 근처에서 적합한 집을 찾았어요.

→ 我在学校附近找到__________了。

(4) 내일 시간이 있어요? 저 좀 도와줄 수 있나요?

→ 明天你__________吗？能来帮我一下吗？

5 다음 질문에 중국어로 대답해 보세요.

(1) 보통 이사 갈 집은 어떻게 찾나요?

(2) 중국인 친구와 함께 살면 어떤 장점이 있나요?

05 본문 받아쓰기 & 스피킹 훈련

STEP 1 녹음을 들으며 빈칸에 알맞은 단어를 써 보세요.

1 ▶ W05-01

张林 ______你找到房子了，______一定很贵吧？
Tīngshuō nǐ zhǎodào fángzi le, fángzū yídìng hěn guì ba?

朴民秀 一个月的房租是五千块钱。
Yí ge yuè de fángzū shì wǔqiān kuài qián.

______交一个月的______。
Lìng jiāo yí ge yuè de yājīn.

张林 那，每个月的费用是不是______住校内高______？
Nà, měi ge yuè de fèiyòng shì bu shì bǐ zhù xiào nèi gāo duō le?

朴民秀 住宿费呢，我和室友商量好______，
Zhùsù fèi ne, wǒ hé shìyǒu shāngliang hǎo gè jiāo yíbàn,

所以更便宜。
suǒyǐ gèng piányi.

张林 那，______呢？
Nà, shēnghuó fèi ne?

朴民秀 我们打算晚饭自己做，早饭、午饭在学校吃，
Wǒmen dǎsuan wǎnfàn zìjǐ zuò, zǎofàn、wǔfàn zài xuéxiào chī,

______生活费也跟住校内差不多。
gūjì shēnghuó fèi yě gēn zhù xiào nèi chàbuduō.

❷ ▶ W05-02

张林　这是我的一点儿＿＿＿＿，祝贺你乔迁之喜！
Zhè shì wǒ de yìdiǎnr xīnyì, zhùhè nǐ qiáoqiānzhīxǐ!

朴民秀　好漂亮的花啊！让你＿＿＿＿了，谢谢你。
Hǎo piàoliang de huā a! Ràng nǐ pòfèi le, xièxie nǐ.

张林　＿＿＿＿。你家真漂亮。
Bú kèqi. Nǐ jiā zhēn piàoliang.

朴民秀　还＿＿＿＿＿＿＿吧。有那么一点儿家的＿＿＿＿，
Hái shuō de guòqu ba. Yǒu nàme yìdiǎnr jiā de gǎnjué,

所以我也很喜欢。
suǒyǐ wǒ yě hěn xǐhuan.

张林　那就行了。你有没有什么＿＿＿＿的？
Nà jiù xíng le. Nǐ yǒu méiyǒu shénme bù fāngbiàn de?

朴民秀　超市啊、理发店啊、＿＿＿＿什么的都在
Chāoshì a、lǐfàdiàn a、gānxǐdiàn shénmede dōu zài

我家周围，＿＿＿＿不方便的。
wǒ jiā zhōuwéi, méi shénme bù fāngbiàn de.

STEP 2 역할을 바꾸어 대화해 봅시다.

① A형 ▶ W05-03　　② B형 ▶ W05-04

05 연습문제

1 다음 중국어 단어에 해당하는 한어병음을 연결하세요.

(1) 押金 •　　　　A shēnghuó fèi

(2) 住宿费 •　　　　B gūjì

(3) 生活费 •　　　　C zhùsù fèi

(4) 估计 •　　　　D xīnyì

(5) 心意 •　　　　E yājīn

2 다음 그림을 보고 빈칸에 알맞은 중국어를 써서 문장을 완성하세요.

(1) 今天比＿＿＿＿＿＿＿＿＿＿。

오늘은 어제보다 많이 더워졌다.

(2) 词典比书＿＿＿＿＿＿＿＿＿＿。

사전은 책보다 많이 두껍다.

(3) 他比＿＿＿＿＿＿＿＿＿＿。

그는 나보다 키가 더 크다.

(4) 这个书包比那个书包＿＿＿＿＿＿＿＿＿＿。

이 책가방은 저 책가방보다 더 크다.

3 다음 내용을 보고 주어진 대화를 완성하세요.

장린이 방값이 비싸겠다고 물으니, 민수는 한 달에 5천 위안이라고 한다.
불편한 점이 없느냐고 물었더니, 민수는 집 주위에 편의시설이 많아 불편하지 않다고 대답했다.

张林 (1)________一定很贵吧?

朴民秀 一个月的房租是(2)____________。

张林 你有没有(3)____________。

朴民秀 我家(4)________有便利设施，所以没什么不方便的。

4 다음 한국어 문장을 중국어 문장으로 완성하세요.

(1) 숙박비는 나와 룸메이트가 절반씩 내기로 상의했습니다.

⋯▸ ____

(2) 생활비는 학교 기숙사 비용과 비슷할 것이라고 짐작합니다.

⋯▸ ____

(3) 이것은 제 작은 성의입니다.

⋯▸ ____

(4) 그런대로 봐줄 만하다.

⋯▸ ____

5 다음 질문에 중국어로 대답해 보세요.

(1) 자기 집의 구조를 중국어로 말할 수 있나요?

(2) 집들이를 할 때 보통 어떤 선물을 하나요? 그 이유는?

07 본문 받아쓰기 & 스피킹 훈련

STEP 1 녹음을 들으며 빈칸에 알맞은 단어를 써 보세요.

1 W07-01

朴民秀 你明天______吗?
Nǐ míngtiān yǒu kòng ma?

张林 我明天上午有______，下午没什么事儿。
Wǒ míngtiān shàngwǔ yǒu kè, xiàwǔ méi shénme shìr.

朴民秀 那么，明天咱们一起去______玩儿吧。
Nàme, míngtiān zánmen yìqǐ qù Zhōngyāng Dàjiē wánr ba.

张林 好呀，我正想找机会逛逛去。
Hǎo ya, wǒ zhèng xiǎng zhǎo jīhuì guàngguang qù.

朴民秀 那里被称为哈尔滨最有“______”的街道，
Nàli bèi chēngwéi Hā'ěrbīn zuì yǒu “yángwèir” de jiēdào,

真的很有异国情调。
zhēn de hěn yǒu yìguó qíngdiào.

张林 ______不如______，明天一定要好好逛逛去。
Bǎiwén bùrú yíjiàn, míngtiān yídìng yào hǎohāo guàngguang qù.

朴民秀 好的，不见______。
Hǎode, bújiàn búsàn.

② W07-02

张林 这就是索菲亚教堂。
Zhè jiù shì Suǒfēiyà jiàotáng.

朴民秀 真________壮观啊，很像欧洲的建筑。
Zhēn xióngwěi zhuàngguān a, hěn xiàng Ōuzhōu de jiànzhù.

张林 我们进去吃马迭尔________吧。那儿还有别具
Wǒmen jìnqu chī mǎdié'ěr bīngqílín ba. Nàr hái yǒu bié jù

特色的挂浆冰淇淋。
tèsè de guàjiāng bīngqílín.

朴民秀 真________，一定要尝尝。我请你吧。
Zhēn xīnqí, yídìng yào chángcháng. Wǒ qǐng nǐ ba.

张林 这条街上有很多________商店，而且附近还有
Zhè tiáo jiēshang yǒu hěn duō Éluósī shāngdiàn, érqiě fùjìn hái yǒu

________。我们可以坐船去太阳岛。
Sōnghuā Jiāng. Wǒmen kěyǐ zuò chuán qù Tàiyáng Dǎo.

朴民秀 那，________我们去太阳岛________吧。
Nà, xià cì wǒmen qù Tàiyáng Dǎo jiāoyóu ba.

STEP 2 역할을 바꾸어 대화해 봅시다.

① A형 W07-03　　② B형 W07-04

07 연습문제

1 다음 중국어 단어에 해당하는 한어병음을 연결하세요.

(1)	俄罗斯 •	A	Ōuzhōu
(2)	情调 •	B	Hā’ěrbīn
(3)	哈尔滨 •	C	qíngdiào
(4)	欧洲 •	D	Éluósī
(5)	索菲亚 •	E	Suǒfēiyà

2 다음 그림을 보고 빈칸에 알맞은 중국어를 써서 문장을 완성하세요.

朴民秀 张林，你明天有(1)______吗？

张林 (2)______有课，下午没有课。

朴民秀 那么，咱们一起去(3)______________吧。

张林 好的，我也正想找(4)______逛逛去。

3 다음 내용을 보고 주어진 대화를 완성하세요.

> 장린은 소피아 성당이 매우 웅장하고 장관이라고 했다. 민수가 중앙대가에 러시아 상품점도 있으며, 근처에 송화강도 있는데 배를 타면 타이양다오에 갈 수 있다고 했다. 장린은 다음에 꼭 놀러 가자고 한다.

张林　这个(1)__________真雄伟壮观。

朴民秀　对，中央大街上有很多(2)__________，而且附近还有松花江，我们可以(3)______去太阳岛。

张林　下次我们去太阳岛(4)______吧。

4 다음 한국어 문장을 중국어 문장으로 완성하세요.

(1) 거기에 하얼빈에서 가장 '서구적 분위기'가 나는 거리라고 불리는 곳이 있다.

…› 那里被称为哈尔滨最有"______"的街道。

(2) 백문이 불여일견이라고, 꼭 가서 봅시다.

…› __________，一定要去看看。

(3) 정말 웅장하고 장관인 것이, 유럽의 건축물 같네요.

…› 真______壮观，很像欧洲的建筑。

(4) 거기에는 또한 특색 있는 아이스크림도 있어요.

…› 那儿还有__________的冰淇淋。

5 다음 질문에 중국어로 대답해 보세요.

(1) 중국 여행을 해본 적이 있나요? 기억에 남는 곳을 이야기해 보세요.

(2) 한국에 소개하고 싶은 중국의 이국적인 거리가 있나요?

08 본문 받아쓰기 & 스피킹 훈련

STEP 1 녹음을 들으며 빈칸에 알맞은 단어를 써 보세요.

1 ▶ W08-01

朴民秀 张林，这个周末咱们去逛逛书店________？
Zhāng Lín, zhège zhōumò zánmen qù guàngguang shūdiàn zěnmeyàng?

张林 你要买________，是吧？
Nǐ yào mǎi jiàocái, shì ba?

朴民秀 对啊，________买教材，________要买参考书什么的。
Duì a, chúle mǎi jiàocái, hái yào mǎi cānkǎoshū shénmede.

张林 好吧，那________这个周末我也去看看________的书，
Hǎo ba, nà chèn zhège zhōumò wǒ yě qù kànkan xīn chū de shū,

顺便________看看电子图书________。
shùnbiàn zài kànkan diànzǐ túshū hǎo le.

朴民秀 我们去哪家书店呢？到图书城________新华书店？
Wǒmen qù nǎ jiā shūdiàn ne? Dào túshū chéng háishi xīnhuá shūdiàn?

张林 我们就去学校附近的图书城吧，那里的书比较
Wǒmen jiù qù xuéxiào fùjìn de túshū chéng ba, nàli de shū bǐjiào

________我们看，而且________也比较好。
shìhé wǒmen kàn, érqiě huánjìng yě bǐjiào hǎo.

② W08-02

张林 这本书的课文内容比较＿＿＿＿！
Zhè běn shū de kèwén nèiróng bǐjiào yǒuqùr!

朴民秀 我看看，＿＿＿＿，除了会话比较＿＿＿＿以外，
Wǒ kànkan, kě búshì ma, chúle huìhuà bǐjiào jiǎnliàn yǐwài,

练习题也比较＿＿＿＿。
liànxí tí yě bǐjiào quánmiàn.

张林 那你先看着吧，我过去看看＿＿＿＿。
Nà nǐ xiān kànzhe ba, wǒ guòqu kànkan diànzǐ túshū.

朴民秀 电子图书比较便宜，是吧？
Diànzǐ túshū bǐjiào piányi, shì ba?

像杂志看＿＿＿＿就扔多可惜！
Xiàng zázhì kàn yí biàn jiù rēng duō kěxī!

张林 ＿＿＿＿，但是电子图书看＿＿＿＿会影响＿＿＿＿。
Shuō de duì, dànshì diànzǐ túshū kàn duōle huì yǐngxiǎng shìlì.

朴民秀 那你先去，我们一会儿见！
Nà nǐ xiān qù, wǒmen yíhuìr jiàn!

STEP 2 역할을 바꾸어 대화해 봅시다.

① A형 W08-03   ② B형 W08-04

08 연습문제

1 다음 중국어 단어에 해당하는 한어병음을 연결하세요.

(1) 有趣儿 •　　　　A kě búshì ma

(2) 全面 •　　　　B yǒuqùr

(3) 电子图书 •　　　　C quánmiàn

(4) 杂志 •　　　　D zázhì

(5) 可不是嘛 •　　　　E diànzǐ túshū

2 다음 주어진 글을 읽고 중국어로 답해보세요.

民秀打算听假期课程，于是周末要去逛逛书店。张林正好有空，所以想去看看新出的书，顺便再看看电子图书。他们到了学校附近的图书城，因为那里的书比较适合他们看，而且那里环境比较好。民秀相中了一本书，会话部分读起来很有意思。那本书能帮助他提高汉语水平。

(1) 民秀为什么要去逛逛书店?

(2) 张林想看看什么样的书?

(3) 民秀相中的那本书怎么样?

3 다음 한국어 문장을 중국어 문장으로 완성하세요.

(1) 우리 어느 서점에 갈까?

⋯→ 我们到______书店呢？

(2) 교재 외에, 참고서도 살 거야.

⋯→ ______教材，还要买参考书的。

(3) 잡지처럼 한 번만 보고 버리면 얼마나 아깝니!

⋯→ 像杂志看一遍就扔多______！

(4) 그럼 너는 우선 좀 보고 있어.

⋯→ 那你先______。

(5) 전자도서는 오래 보면 시력에 영향을 미치잖아.

⋯→ 电子图书看多了会______视力。

4 다음 질문에 중국어로 대답해 보세요.

(1) 서점에 가면 보통 어떤 종류의 책을 사는 편인가요?

(2) 전자도서에 대해서 어떻게 생각하세요?

09 본문 받아쓰기 & 스피킹 훈련

STEP 1 녹음을 들으며 빈칸에 알맞은 단어를 써 보세요.

① W09-01

朴民秀 看你______愁眉苦脸的样子，怎么回事？
Kàn nǐ yìliǎn chóuméi kǔliǎn de yàngzi, zěnme huí shì?

张林 哎，______了。昨天晚上又没睡好。
Āi, bié tí le. Zuótiān wǎnshang yòu méi shuìhǎo.

朴民秀 啊？______？有什么事吗？
Á? Zěnme le? Yǒu shénme shì ma?

张林 我跟我室友的______一点儿也不一样。
Wǒ gēn wǒ shìyǒu de shēnghuó xíguàn yìdiǎnr yě bù yíyàng.

朴民秀 具体地说一下。
Jùtǐ de shuō yíxià.

张林 比如说，我喜欢______早起。而她正好______，
Bǐrú shuō, wǒ xǐhuan zǎo shuì zǎo qǐ. Ér tā zhènghǎo xiāngfǎn,

她喜欢晚上学习，经常学到很晚才睡觉。
tā xǐhuan wǎnshang xuéxí, jīngcháng xuédào hěn wǎn cái shuìjiào.

② W09-02

张林 民秀，你和你室友______得怎么样啊？
Mínxiù, nǐ hé nǐ shìyǒu xiāngchǔ de zěnmeyàng a?

朴民秀　不错。他________很好，而且还很外向。
Búcuò. Tā wéirén hěn hǎo, érqiě hái hěn wàixiàng.

张林　是吗？________你不告诉我的话，我根本看不________。
Shì ma? Jiǎrú nǐ bú gàosu wǒ dehuà, wǒ gēnběn kàn bu chūlai.

朴民秀　是啊。很多人以为他很________，但是他其实很外向。
Shì a. Hěn duō rén yǐwéi tā hěn nèixiàng, dànshì tā qíshí hěn wàixiàng.

张林　那你们________在一起做什么呢？
Nà nǐmen jīngcháng zài yìqǐ zuò shénme ne?

朴民秀　一起聊天，一起玩儿，________做。
Yìqǐ liáotiān, yìqǐ wánr, shénme dōu zuò.

张林　给我________啊。
Gěi wǒ jièshào yíxià a.

朴民秀　没问题。你们也一定会________好朋友的。
Méi wèntí. Nǐmen yě yídìng huì chéngwéi hǎo péngyou de.

STEP 2 역할을 바꾸어 대화해 봅시다.

① A형 W09-03　　② B형 W09-04

09 연습문제

1 다음 중국어 단어에 해당하는 한어병음을 연결하세요.

(1)	一脸	A	chéngwéi
(2)	具体	B	jùtǐ
(3)	为人	C	yìliǎn
(4)	相处	D	wéirén
(5)	成为	E	xiāngchǔ

2 다음 그림을 보고 빈칸에 알맞은 중국어를 써서 문장을 완성하세요.

我跟我室友的生活习惯(1)________________。我喜欢早睡早起。而我室友呢，她喜欢晚上学习。经常学到很晚才(2)________，第二天早上又起来得(3)________。所以，我每天都(4)__________。

3 다음 내용을 보고 주어진 대화를 완성하세요.

장린이 나에게 내 룸메이트 성격은 어떻냐고 물길래, 사람됨이 좋고 외향적이라고 대답했다. 장린이는 또 나와 룸메이트는 종종 함께 무엇을 하느냐고 물어서, 같이 이야기도 하고, 놀기도 하는 등 모든 다 한다고 했다.

张林　你室友的性格(1)________?

朴民秀　不错。他(2)________，还很外向。

张林　那你们(3)______在一起做什么呢?

朴民秀　一起(4)______、一起玩儿，(5)______都做。

4 다음 한국어 문장을 중국어 문장으로 완성하세요.

(1) 얼굴이 한 가득 고뇌에 쌓인 표정인데, 도대체 무슨 일이니?

··· 看你一脸愁眉苦脸的样子，________?

(2) 나는 룸메이트와 생활습관이 정반대이다.

··· 我跟我室友的________一点儿也不一样。

(3) 나는 일찍 자고 일찍 일어나는 것을 좋아한다.

··· 我喜欢________。

(4) 만약에 알려주지 않았다면 전혀 알아보지 못했을 거야.

··· 假如你不告诉我的话，我根本________。

5 다음 질문에 중국어로 대답해 보세요.

(1) 가족들의 성격을 이야기해 보세요.

(2) 친한 친구와 성격은 비슷한가요? 그렇지 않으면 어떤 다른 점이 있나요?

10 본문 받아쓰기 & 스피킹 훈련

STEP 1 녹음을 들으며 빈칸에 알맞은 단어를 써 보세요.

1 W10-01

朴民秀　我看见你最近________在图书馆里，是在复习吗?
Wǒ kànjiàn nǐ zuìjìn yìzhí zài túshūguǎn li, shì zài fùxí ma?

张林　不是复习，是在赶一个报告。
Bú shì fùxí, shì zaì gǎn yí ge bàogào.

朴民秀　________期末考试了，________什么报告?
Dōu qīmò kǎoshì le, hái gǎn shénme bàogào?

张林　是语法课刘老师________的作业。
Shì yǔfǎ kè Liú lǎoshī bùzhì de zuòyè.

朴民秀　要考试了，你该________了!
Yào kǎoshì le, nǐ gāi jiāyóu le!

张林　________!期末考试什么时候开始?
Duì le! Qīmò kǎoshì shénme shíhou kāishǐ?

朴民秀　________六月十五号________六月二十一号。
Cóng liù yuè shíwǔ hào dào liù yuè èrshíyī hào.

2 W10-02

张林　民秀，我们什么时候________考试?
Mínxiù, wǒmen shénme shíhou kāishǐ kǎoshì?

朴民秀　下星期开始。准备得________了吧?
Xià xīngqī kāishǐ. Zhǔnbèi de chàbuduō le ba?

张林 哪里，我最近一直在忙着赶作业，顾______看书。

Nǎli, wǒ zuìjìn yìzhí zài mángzhe gǎn zuòyè, gù bu shàng kàn shū.

朴民秀 那______，考试是最重要的。

Nà kě bùxíng, kǎoshì shì zuì zhòngyào de.

张林 我______写报告，______要考试。

Wǒ nìngkě xiě bàogào, yě bú yào kǎoshì.

朴民秀 考试______让我们把学过的东西再复习______，

Kǎoshì kěyǐ ràng wǒmen bǎ xuéguo de dōngxi zài fùxí yí biàn,

别把考试当成______。

bié bǎ kǎoshì dàngchéng fùdān.

张林 我没时间跟你______了，我______去图书馆了。

Wǒ méi shíjiān gēn nǐ liáo le, wǒ děi qù túshūguǎn le.

再见！

Zàijiàn!

STEP 2 역할을 바꾸어 대화해 봅시다.

① A형 W10-03 ② B형 W10-04

10 연습문제

1 다음 중국어 단어에 해당하는 한어병음을 연결하세요.

(1) 报告 •		A kāishǐ
(2) 最近 •		B dàngchéng
(3) 当成 •		C bàogào
(4) 开始 •		D zuìjìn
(5) 复习 •		E fùxí

2 다음 그림을 보고 빈칸에 알맞은 중국어를 써서 문장을 완성하세요.

(1) A 对了！ 期末考试什么时候开始?

B 从(1)________________到六月二十一号。

(2) A 妈妈现在几点了?

B 七点半了，(2)________________！

(3) A 现在11点了。

B 太晚了，我们(3)________________。

3 다음 내용을 보고 주어진 대화를 완성하세요.

장린이 언제 시험이 시작하냐고 물었다. 나는 다음주면 시작하는데, 준비는 거의 다 되었겠다고 물었더니, 장린은 최근 줄곧 숙제를 하느라 책 볼 틈이 없었다고 했다. 나는 그건 안 된다며, 시험이 가장 중요하다고 말해줬다.

张林　什么时候(1)__________?

朴民秀　下星期开始考试。准备得(2)__________了吧?

张林　哪里，我最近一直在忙着赶作业，(3)__________看书。

朴民秀　(4)__________，考试是最重要的。

4 다음 한국어 문장을 중국어 문장으로 완성하세요.

(1) 기말고사인데 벌써 보고서를 재촉하니?

··· 都期末________了，还赶什么报告?

(2) 나는 최근 계속 급하게 과제를 하느라 바빠서, 책을 볼 시간이 없었어.

··· 我最近一直在____________，顾不上看书。

(3) 나는 보고서를 쓸지언정, 시험은 원하지 않아.

··· 我________写报告，也不要考试。

(4) 시험은 우리가 배웠던 것을 다시 한 번 복습하게 해준다.

··· 考试可以让我们把学过的东西再____________。

5 다음 질문에 중국어로 대답해 보세요.

(1) 이번 주에는 무슨 숙제가 있나요?

(2) 최근 가장 급하게 한 일은 무엇인가요?

11 본문 받아쓰기 & 스피킹 훈련

STEP 1 녹음을 들으며 빈칸에 알맞은 단어를 써 보세요.

① W11-01

张林 我给你________。这是我爸，这是我妈。
Wǒ gěi nǐ jièshào. Zhè shì wǒ bà, zhè shì wǒ mā.

爸、妈，这是民秀。
Bà、mā, zhè shì Mínxiù.

朴民秀 ________、阿姨，你们好。不好意思，给你们________
Shūshu、āyí, nǐmen hǎo. Bù hǎoyìsi, gěi nǐmen tiān

麻烦了。
máfan le.

张林爸爸 ________？太客气了，来，快这边儿坐。
Nǎr de huà? Tài kèqi le, lái, kuài zhèbiānr zuò.

朴民秀 这是韩国的特产，高丽人参糖，请你们________。
Zhè shì Hánguó de tèchǎn, Gāolí rénshēn táng, qǐng nǐmen pǐncháng pǐncháng.

张林妈妈 你还买什么东西呀？
Nǐ hái mǎi shénme dōngxi ya?

朴民秀 一点儿________，请你们收下吧。
Yìdiǎnr xīnyì, qǐng nǐmen shōuxià ba.

张林妈妈 那好吧。________。
Nà hǎo ba. Xièxie.

② ▶ W11-02

朴民秀　______，这是李老师家吗？
Qǐngwèn, zhè shì Lǐ lǎoshī jiā ma?

张林　你好，我们是李老师的______。
Nǐ hǎo, wǒmen shì Lǐ lǎoshī de xuésheng.

李老师儿子　请你们______。爸，有学生来了。
Qǐng nǐmen shāo děng. Bà, yǒu xuésheng lái le.

李老师　啊，你们______怎么来了？______进来。
À, nǐmen liǎ zěnme lái le? Kuài jìnlai.

朴民秀　李老师，我还是第一次来老师家______呢。
Lǐ lǎoshī, wǒ háishi dì yī cì lái lǎoshī jiā bàifǎng ne.

李老师　在______，你们不去老师家拜访吗？
Zài Hánguó, nǐmen bú qù lǎoshī jiā bàifǎng ma?

朴民秀　老师一般都有自己的______，我们只是去教研室拜访老师。
Lǎoshī yìbān dōu yǒu zìjǐ de jiàoyánshì, wǒmen zhǐshì qù jiàoyánshì bàifǎng lǎoshī.

张林　______中国和韩国不______啊。
Yuánlái Zhōngguó hé Hánguó bù yíyàng a.

STEP 2 역할을 바꾸어 대화해 봅시다.

① A형 ▶ W11-03　　② B형 ▶ W11-04

11 연습문제

1 다음 중국어 단어에 해당하는 한어병음을 연결하세요.

(1)	叔叔	A	tèchǎn
(2)	特产	B	rénshēn
(3)	人参	C	shūshu
(4)	拜访	D	yuánlái
(5)	原来	E	bàifǎng

2 다음 그림을 보고 빈칸에 알맞은 중국어를 써서 문장을 완성하세요.

张林　我给你(1)______。这是我爸，这是我吗。爸、妈，这是民秀。

民秀　叔叔、(2)______，你们好。
不好意思，给你们添(3)______了。

张林爸爸　哪儿的话？太客气了。

3 다음 내용을 보고 주어진 대화를 완성하세요.

이 선생님 댁을 방문한 민수는, 선생님을 방문한 것이 이번이 처음이라고 말한다. 이 선생님이 한국에서는 선생님 댁을 방문하지 않느냐고 묻자, 민수는 한국 선생님들에게 연구실이 있어서 거기로 방문한다고 하고, 장린은 중국과 한국이 원래 다르다고 말한다.

民秀　老师，我还是第一次来老师家(1)______呢。

李老师　在(2)______，你们不去老师家拜访吗？

民秀　老师一般都有自己的(3)________，我们只是去教研室拜访老师。

张林　(4)______中国和韩国不一样啊。

4 다음 한국어 문장을 중국어 문장으로 완성하세요.

(1) 번거롭게 해드려 죄송합니다.

→ 不好意思，给你们________了。

(2) 이것은 한국의 특산품입니다.

→ 这是____________。

(3) 작은 성의입니다.

→ 一__________。

(4) 별 소리를 다하는구나. 너무 어려워 말고, 이쪽으로 앉아라.

→ __________？太客气了，来，快这边儿坐。

5 다음 질문에 중국어로 대답해 보세요.

(1) 외국인 친구가 있나요? 그 친구의 집을 방문한다면 무엇을 사가는 게 좋을까요?

(2) 우리 집에 외국인 친구가 온다면 어떻게 맞이하면 좋을까요?

MEMO

MEMO

MEMO

MEMO

MEMO

MEMO

MEMO